Angelika Daiker (Hrsg.)

W0171354

Selig sind die Trauernden

Trauer- und Gedenkgottesdienste

Schwabenverlag

2. Auflage 2000
Alle Rechte vorbehalten
© 1998 Schwabenverlag AG, Ostfildern

Umschlaggestaltung: Ronald Parusel, Mössingen
Umschlagmotiv: Edvard Munch, Die tote Mutter
© The Munch Museum / The Munch Ellingsen Group /
VG Bild-Kunst, Bonn 1998
Satz: Schwabenverlag AG, Ostfildern
Herstellung: Süddeutsche Verlagsgesellschaft mbH, Ulm
Printed in Germany

ISBN 3-7966-0924-4

Inhalt

Nach den Zeiten im Jahreskreis

Vorwort

»Selig sind die Trauernden« – mit diesem Text aus Mt 5,4 ist ein Wunsch und eine Verheißung ausgedrückt. In Gottes Nähe erfahren Menschen Heil, Trost, neues Leben – so ist es zugesagt. Selig sind die, die ihm nahe sind. Daß Trauernde etwas von dieser Zusage erfahren und mit dem verwandelten Schmerz neu ins Leben gehen können, ist nicht selbstverständlich. Es braucht dazu vor allem einfühlsame und wache Weggefährten. Es braucht immer wieder Orte, an denen die Trauer sein darf. So können auch Gedenkgottesdienste, in denen trauernde Angehörige mit ihrer Trauer und ihrem Verlust vorkommen, auf behutsame Weise etwas dazu beitragen.

Die Situationen, in denen Trauer- und Gedenkgottesdienste gehalten werden, sind in den letzten Jahren sehr vielfältig geworden. Seelsorgerinnen und Seelsorger sind nicht nur bei Begräbnissen, sondern bei vielen anderen Anlässen gefordert, die Botschaft des gnädigen und tröstenden Gottes zur Sprache zu bringen.

Deshalb will das Buch anregen, auch über die Beerdigung hinaus Anlässe wahrzunehmen und zu gestalten, an denen Menschen ihre Trauer ins Gebet bringen können. Der Blick richtet sich damit auch auf den oft langen und einsamen Trauerweg, der für jeden Menschen sehr unterschiedlich ist.

Die Anregungen für Trauer- und Gedenkgottesdienste sind in drei große Kapitel zusammengefaßt. In einem ersten Teil werden die besonderen Lebensumstände des Verstorbenen in den Blick genommen (ein Kind, eine junge Mutter, ein alter Mensch, ein Unfallopfer ...).

Im zweiten Teil geben bestimmte Anlässe die Themen der Feiern vor (am Jahrtag, in der Trauergruppe, an Allerseelen ...).

Schließlich werden im dritten Teil Anregungen für Trauergottesdienste gegeben, die sich am Jahreskreis orientieren. Herausragende Zeiten wie z. B. die Advents- und Weihnachtszeit sind für Trauernde oft besonders schwer oder sie können auf ihre Weise tröstliche Anregungen geben. Deshalb kann es sinnvoll und hilfreich sein, den eigenen Trauerweg auch auf die besonderen Zeiten im Jahreskreis zu beziehen.

Mit dieser Auswahl will das Buch sensibel machen für die verschiedenen Umstände und den Rhythmus von Trauer. Sie kann nach Jahren des Verlustes immer noch lebendig sein und über eine lange Zeit zum Lebensweg eines Menschen gehören.

Das Buch enthält keine kompletten Gottesdienste, sondern will mit vier Elementen Impulse geben: Die Gottesdienste beinhalten einen Schrifttext, eine Ansprache, ein Gebet und ein besonderes Gestaltungselement. Letzteres kann ein Symbol, eine Zeichenhandlung, ein Gedicht oder ein Lied sein.

Diese Vielfalt von Gottesdiensten will ermutigen, der Trauer der Menschen immer wieder Raum zu geben und mit ihnen nach Ausdrucksmöglichkeiten im Wort, im Gebet, in der Feier zu suchen. Die Aufforderung an die Christen, nicht »wie jene, die keine Hoffnung haben« (1 Thess 4,13) zu trauern, meint ja nicht, daß Christen nicht trauern sollen, sondern daß sie sich in ihrer Trauer von denen unterscheiden, die ohne Hoffnung sind.

Diese Hoffnung ist im Schmerz über den Verlust oft sehr zerbrechlich und braucht nicht nur die Begleitung im Gespräch, sondern auch die Ermutigung im zugesprochenen Wort Gottes und die Stärkung in der gottesdienstlichen Feier.

Stuttgart, im Juni 1998   *Angelika Daiker*

Das Loch, in das ich fiel, wurde zur Quelle, aus der ich lebe

Wege durch die Trauer

Die Orgel spielte. Kein besonderer Sonntag. Ein paar Reihen vor mir neigte eine Frau ihren Kopf nach vorn, begleitet von diesem unmißverständlichen Schulterzucken: Sie fing an zu weinen. Eine viel jüngere Frau legte einen Arm um sie, dann legte der Mann, der daneben saß, seinen Arm um beide Frauen. So, sich gegenseitig haltend, weinten offenbar alle drei. Die Gemeinde um sie herum sang. Eltern und Schwester eines verstorbenen Kindes/Geschwisters? Irgendwann beruhigten sie sich, hielten sich aber noch lange fest. Beim Hinausgehen aus der Kirche liefen sie vor mir. Sollte ich etwas sagen? Da kam mir eine Erinnerung: »Nur auf dem Friedhof und in der Kirche kann man sich noch ausweinen, da wird man nicht gleich zum Aufhören getröstet«, so sagte einmal jemand in einem Seminar. Ich habe nichts getan und frage mich, ob das wohl für diese drei Leute das Richtige war.

Weinen. Ist es nicht so, daß wir in unserer Welt, in der alles schneller, besser sein muß und Bilder des Wohlbefindens uns überall anstrahlen, Weinen schwer aushalten? Mit eingefrorenem Lächeln, eingefrorener Schönheit, verführerischer Kleidung, wird uns eine machbare Welt des Frohsinns, der Gemütlichkeit und des Gelöstseins suggeriert. Unschönes oder gar Unbewältigbares ist viel schwerer darzustellen: »Die Trauer als Prozeß ist schlecht ›verbildbar‹«, sagte mir einmal ein Fernsehredakteur.

Vielleicht werden auch darum Beerdigungen und Gedenkfeiern in vielen europäischen Ländern wieder populär: Sie erinnern uns an die andere, nicht reklamefähige Welt. Nur sehr langsam finden wir in dem bebilderten Bombardement unserer Sinne zur Einsicht, daß die Organisation einer humanen Welt trotzdem in unseren eigenen Händen ruht.

Vorbildlich zieht da die Hospizbewegung voran. Auffällig ist in Deutschland, im Vergleich zu anderen europäischen Ländern, daß sie hier oft von den Kirchen initiiert, unterstützt, begleitet wird. Jedoch gibt es für die Zeit nach dem Tode eine nur wenig reflektierte Trauerbegleitung. »Unsere Kirche hat keine Trauertradition«, so drückte es ein Pfarrer aus, »wir haben uns an der Auferstehung nach drei Tagen festgehalten.«

Tatsache ist, daß beide christlichen Kirchen in den letzten Jahren Kurse für Trauerbegleitung organisierten. Es ist jedoch noch fast nirgends zum Pflichtteil der Ausbildung geworden. Es gibt zwar eine Vision, der Trauerbegleitung künftig mehr Raum zu geben, aber sie ist in Aus-, Weiter- und Fortbildungs-Konzepten noch nicht umgesetzt. Somit bleibt Trauerbegleitung vielerorts auf die beschränkt, die sich freiwillig aus- und weiterbilden lassen. Literatur und Talkshows warnen undifferenziert davor, nicht oder nicht richtig zu trauern. Zahlreiche Beispiele, die jedoch meistens aus der psychotherapeutischen Praxis kommen, scheinen die Dringlichkeit der Trauerbegleitung für alle zu beweisen. Eine sehr einseitige und verkürzte Sicht der Trauer, die all die nicht wahrnimmt, die ihren Trauerweg ohne fremde Hilfe gehen. Welche Position bezieht hier die Kirche?

Die Frage, die hier immer wichtiger wird: Gibt es so etwas wie *richtiges* Trauern, und was ist sein Ziel? Die Trauer verschwinden zu lassen? 1997 wurde dazu auf dem Internationalen Trauerkongreß in Washington D. C. festgestellt, daß die Behauptung, »wer nicht trauert, wird krank«, wissenschaftlich nicht zu beweisen sei.

Diese Behauptung basiert auf Schlußfolgerungen aus Erfahrungen klinischer Praxis. Was man dort fand und beschrieb, war, daß manche Menschen, die nicht oder zu viel um Verlorenes trauern, krank wurden. Die in mehreren Ländern durchgeführten Untersuchungen von nicht- klinischen Gruppen zeigen jedoch, daß die Umkehrung nicht stimmt: Menschen, die nicht trauern oder nicht aufhören zu trauern, werden deshalb nicht zwangsläufig krank. Auch wird immer klarer, daß viele Leute ihre Trauer nicht beenden, auch nicht nach Jahren.

Erste Erhebungen warnen vor zu frühem professionellem Eingreifen in den Trauerprozeß: Dadurch würden wahrscheinlich fremdbestimmte Elemente in den eigenen Trauerweg eingeführt. Darüber hinaus besteht die Gefahr, daß das soziale Umfeld zurückweicht, weil es annimmt, die Profis haben die Begleitung jetzt übernommen.

Trauerbegleitung hat sich als Fachgebiet in den letzten dreißig Jahren hauptsächlich in den anglo-amerikanischen Ländern entwickelt, vorangetrieben von psychologischen Untersuchungen und kritischen Beiträgen der Soziologie. Bei meiner Arbeit in Deutschland muß ich oft feststellen, daß diese Entwicklungen und Erkenntnisse die professionell Tätigen, die tagtäglich mit Trauer umgehen, kaum erreichen. Andererseits hat die hiesige Entwicklung Raum gelassen für das Entstehen eines einzigartigen spirituellen Ansatzes in der Trauerbegleitung, von dem ich in den letzten zehn Jahren dankbar gelernt habe.

Das von mir entwickelte Modell *Trauer erschließen* wurde im vergangenen Jahrzehnt auf Grund der neuesten wissenschaftlichen Erkenntnisse in der Trauerforschung entwickelt, inspiriert von den Ideen des amerikanischen Lehrtheoretikers David Kolb. Es versteht sich als Ergänzung zu den eigenen Fähigkeiten der Trauernden. Ein weltweiter Austausch mit Trauernden hat es inzwischen als hilfreich bestätigt. Nach zehn Jahren Aus-, Fort- und Weiterbildung in Deutschland dient das Modell als Grundlage vieler Aktivitäten in der Trauerbegleitung von Flensburg bis Freiburg, von Berlin bis Bochum. Dabei sind es vor allem – aber nicht nur – kirchlich orientierte Gruppen gewesen, die es in Fragen der Sinnsuche und erneuten Sinnfindung befruchtet haben. »Das Loch, in das ich fiel, wurde zur Quelle, aus der ich (auch) lebe.« Meine eigene Entwicklung hat mich immer wieder auch zu anderen Kulturen geführt, zu jüdischen und buddhistischen, und – leider zu sporadisch – auch zu moslemischen Quellen; sie haben somit in meiner Wahrnehmung ebenfalls ihren Eingang in die Entwicklung dieses Modelles gefunden.

Das Modell »Trauer erschließen«

Das Modell »Trauer erschließen« kennt drei Gezeiten der Trauer, d. h. es geht davon aus, daß Trauer, wie die Jahreszeiten, wiederkehrt. Nur der Einstieg ist einmalig: die Schleusenzeit.

A. Die Januszeit
    Einstieg: Die Schleusenzeit
B. Die Labyrinthzeit
C. Die Regenbogenzeit

Diese Gezeiten sind um einen Mittelteil, ein Loch, angeordnet, wobei der ganze Weg als spiralförmig verstanden wird, d. h. die Gezeiten kehren auf verschiedenen Ebenen wieder. Wird die Trauer ursprünglich eher als ein Loch erfahren, so kann sie, bei erschließendem Ansatz, im Laufe der eigenen Biographie zur Quelle werden, aus der Trauernde leben können, einmalig, zu bestimmten Zeiten oder regelmäßig für ihren weiteren Lebensweg.

Ein Abschied durch Tod wirkt für nahestehende Hinterbliebene wie ein unsichtbares Initiationsritual. Ungewollt und kaum beobachtbar, werden sie mit der Beerdigung als Abschiedsritual in den nächsten Abschnitt ihres Lebensweges eingeweiht. Den Abschied vom vorhergehenden Leben müssen sie dabei oft in die neue Zeit mit hinübernehmen. Somit muß der/die Trauernde in eine Lernzeit eintreten, in der er/sie Abschied nimmt vom Vorhergelebten und sich gleichzeitig mit dem neuen Zustand arrangieren muß. Noch vor wenigen Jahren wurde diese doppelte Ritualfunktion kaum beachtet: Abschiedsrituale bei einer Beerdigung waren vor allem todes- und totenzentriert. Sie orientierten sich wenig an den anwesenden Trauernden und dem Leben, das sich nach diesem Abschied entfalten würde. Ein magischer Glaube an das Wirken des Abschiedsrituals hat sich mit der unreflektierten Annahme vermischt, daß der Glaube an die Auferstehung den Trauernden genügend Trost und Begleitung sei. Die mit dem Tod verbundene Schleusenzeit für die Nahestehenden, seien es Angehörige oder Freunde, bekommt erst in den letzten Jahren in den nordwesteuropäischen Kulturen größere Beachtung.

Mit der Todesdiagnose schließt sich eine Tür, und die Angehörigen werden gesetzlich gesehen automatisch zu *Hinterbliebenen*, obwohl sie emotional betrachtet dies vor der Beerdigung noch gar nicht sein können. Dennoch beginnen Handlungen, die den veränderten Zustand einleiten: Plötzlich darf der geliebte Angehörige nicht mehr in einem normalen PKW mitgenommen werden; er darf nur noch mit Einschränkung in die Wohnung zurückgebracht werden. Er ist bestattungspflichtig geworden, das heißt, der behördlich nun als *Leichnam* gedeutete Körper – der doch immer noch das Gegenüber von Beziehungen geblieben ist – wird jetzt einem gesetzlichen Verfahren unterworfen.

Damit wird sowohl die Erscheinungsform, in der diese Person gekannt wurde, als auch seine nahen Beziehungen in einen Schleusenprozeß hineingehoben, an dessen Ende beide Seiten auf verschiedenen Ebenen sind. Während die/der eine im Grab oder im Krematorium zurückgelassen wird, wandelt sich der Status der nahen Angehörigen: Eine Ehefrau wird Witwe, ein Kind wird Halbwaise, eine Schwester oder ein Bruder wird trauerndes Geschwister.

Nach Eintritt des Todes werden die *Schleusenwächter* (Arzt, Bestatter, Theologe, Verwandte, Freunde) aktiv und führen, mehr oder weniger professionell, ihre Arbeit durch. Man vermutet, daß die Erfahrungen dieser Schleusenzeit schon einen Einfluß auf den dann folgenden Trauerweg haben.

Gerade hier knüpft ein Teil der in diesem Buch gesammelten Trauerfeiern an. Worte zu finden für das buchstäblich Unaussprechbare. Am Ende dieses Jahrhunderts hat der »Verbi Divini Minister« (Diener von Gottes Wort) eine neue Aufgabe bekommen, indem er angefragt ist, Mittler zwischen Leben und Tod zu werden, den als unbegehbar geglaubten Weg von Tod und Trauer nun anfänglich zu bepflastern: durch Worte. Worte, die das Ratlose der neuen Wirklichkeit benennen und einladen, dem menschlichen Bedarf an Ordnung eine erste Form zu geben. Worte, die wie ein Magnet die inneren Fasern der hilflosen Menschen wieder ausrichten. Und wenn sie dafür offen sind, werden sie sich dann sogar einer Transzendenz zuwenden, die dieses erste Ordnen weit übersteigt.

»Leute«, so sprach der beste Freund des Verstorbenen am Ende einer Abschiedsfeier, »euer Besuch hier ist nicht genug. Was geschehen ist, bleibt unfaßbar und endlos schmerzhaft. Auch wenn wir uns nahe kamen für einen Moment: das ist nicht genug. Bitte besucht die Familie weiter, auch noch in einem Jahr, sie wird es brauchen!«

Damit wurde die individuelle Erfahrung von Gottes Nahesein am Ende der Feier als Auftrag an die versammelte Gemeinschaft gegeben. Die Gemeinschaft hat Arme, die umschließen können und Nähe im Täglichen immer wieder neu erfahrbar machen. So befähigen sie, auszuhalten, durchzukommen und neu zu lernen. Eine Beerdigung dauert zwanzig Minuten bis eine halbe Stunde, ein Trauerjahr 8760 Stunden! Insofern halte ich es für sinnvoll, daß die Trauergemeinde über den Beerdigungsgottesdienst hinaus ermutigt, unterstützt und die Hoffnung wachhält, in ähnlicher Weise, wie es im zweiten und dritten Kapitel dieses Buches geschieht. Dies kann im Laufe des Kirchenjahres oder zu einem späteren Zeitpunkt des Trauerprozesses sein, indem die Trauernden auf ihrem je eigenen Weg wahrgenommen und angesprochen werden.

Die meisten Menschen (laut Erhebungen etwa fünfzig bis sechzig Prozent der Trauernden) schaffen den Weg der Trauerbewältigung selber, ohne professionelle Hilfe. Das heißt nicht, daß es nicht gut tut, wenn man oder frau als Trauernde auch im Alltag vorkommen darf: Die Gestaltung einer humanen Welt, die nur unzulängliche Spiegelung von Gottes Welt ist, liegt in unserer Hand.

Die Januszeit

Nach dieser Schleusenzeit rast die nichtbetroffene Welt weiter in ihrer *Kalenderzeit:* Termine, Arbeit, Theater, Musikstunden der Kinder, Schule, Alltagsleben, Fußball. Alles scheint geblieben, wie es vor dem Tode war. Doch für die Betroffenen zeigt sich diese Welt auf einmal als Scheinsicherheit: verletzlich wie Spinngewebe. Das Sinngewebe ist zerfetzt. Man wußte ja nicht, wie sehr sich das eigene Gewebe mit dem des Verstorbenen verbunden und seine Festigkeit aus der Beziehung bekommen hatte.

Nachdem die Schleusenzeit durchlebt ist, entfaltet sich die Wirkung dieses Abschiedes wie eine Depotspritze: Die Verzweiflung nimmt zu mit dem Gewahrwerden dessen, was nun im Vorher verschlossen liegt. Das bisher vertraute Leben, das bisher mit jedem Erwachen einfach zur Verfügung stand, muß bei einem plötzlichen Tod stärker, jedoch auch bei einem nicht überraschenden Tod, in der Vergangenheitssprache neu angeeignet werden. Vielleicht mußte man nie vorher so viel auf einmal aushalten, sich abgewöhnen, umlernen.

Auch äußerlich muß es oft einfach weitergehen: Trauernde müssen Predigten vorbereiten, unsere Flugzeuge zum Urlaubsziel fliegen, unser tägliches Brot backen, unsere Kinder unterrichten oder den Müll abholen. Äußerlich geht es weiter, aber im Privaten, abgeschirmt vom öffentlichen Dasein, liegt die eigene Welt immer wieder in Scherben. Auch der Körper wehrt sich: Schlaf- und Eßstörungen, Schwindel, Atemlosigkeit. Die Belastung ist auch körperlich eine Überbelastung.

Manchmal hält das Gottesbild dieser Zeit stand, manchmal auch nicht.

Die Auffassung, daß Trauer nur dann gesund oder heilend sei, wenn Menschen von Anfang an weinen und klagen, ist problematisch. Dabei wird vergessen, daß viele Menschen ihr neues Verhalten lernen, indem sie beispielsweise darüber nachdenken, Worte sammeln (zum Beispiel im Anhören von Vorträgen), im

Tun aktiv werden und so versuchen, sich diese neue Wahrheit anzueignen. Auch »Urlaub von der Trauer« ist ein normales Phänomen. Es soll Leute geben, die ihre Trauer in zehn Tagen hinter sich bringen, ohne daß dies große Folgen für das weitere Leben hat. Diese Menschen findet man natürlich nicht in der klinischen Praxis, deshalb wurden sie bislang so wenig beachtet.

Die Januszeit, benannt nach dem römischen Gott Janus mit den beiden Gesichtern, ist die Zeit, in der das »Entweder ... Oder« alles zum Anhalten bringt: Entweder du bist da, dann kann ich weitergehen, oder du bist nicht da, dann ist meine Welt mit unserer verlorengegangenen gemeinsamen Welt auch zerbrochen. Kennzeichnend für diese Zeit ist das hin und her zwischen der Bindung an die Vergangenheit und der Notwendigkeit, weitergehen zu müssen.

Die Januszeit der Trauer zeigt sich physisch, emotional, intellektuell, spirituell und sozial, betrifft also den Menschen in all seinen Dimensionen. Die Spannung, welche sich aufbaut zwischen der normalen *Kalenderzeit,* die wir täglich leben, und der sich langsam entfaltenden *Trauerzeit* wird oft zur Zerreißprobe. Die meisten Trauernden müssen erst lernen, zumindest zeitweise und immer wieder, zu ihrer Trauer zu stehen, und gegen die *Kalenderzeit* ihren eigenen Rhythmus zu leben. Das bedeutet oft einen Rückzug aus der »normalen« Welt.

Damit wird die zweite Gezeit, die Labyrinthzeit, erkennbar.

Die Labyrinthzeit

In der Labyrinthzeit versucht der/die Trauernde, mit der entstandenen Trennung umzugehen, und merkt dabei immer wieder, daß die alten und gewohnten Krisenansätze des Lebens von vorher nicht mehr funktionieren. Damit wird Neuland betreten: die Lebensaufgaben stellten sich vorher noch nie in dieser spezifischen Weise. Das gilt auch, wenn man schon einen Verlust durch Tod »bewältigt« hat: Das damals Gelernte paßt nicht mehr für die neue Situation. Das löst oft erst recht Panik/Angst/Hilflosigkeit aus. Deshalb gilt mehrfache Trauer oder wiederholte Trauer als ein Risikofaktor in den Trauerwissenschaften.

Das Labyrinth wird meistens nicht als solches erlebt, eher als Irrgarten. Das Labyrinth hat jedoch, im Gegensatz zum Irrgarten, eine Mitte. Der Wechsel von starken Emotionen und ruhigeren

Zeiten bedeutet immer wieder neues Abschiednehmen. Erst mit der Wahrnehmung, daß man auf dem Weg zu (s)einer Mitte sein könnte, eröffnet sich die Möglichkeit, die Neugliederung des eigenen Weiterlebens anzunehmen. Mit der Annahme einer Mitte bekommen Trauernde langsam wieder die Kontrolle über das eigene Leben, wagen sie es, Vertrauen in eine noch nicht anwesende, zukünftige Zeit zu setzen. Das kostet oft sehr viel Kraft. Es ist nicht einfach, muß immer wieder neu versucht werden. In dieser Zeit ist es hilfreich, trotz Verzweiflung das Eigene gerade auch in Beziehung zu dem Verstorbenen neu zu ordnen. Damit kommt der Verlust in vollem Umfang ans Tageslicht und zeigt das Nichtmehr des Beziehungsgeflechtes in seiner ganzen Härte. Aber zur gleichen Zeit wird, fast paradoxerweise, durch diese harte Arbeit die Beziehung sozusagen gedroschen, um ihre Samen herzugeben. Das bedeutet, sich an die Beerdigung neu erinnern, Schuldgefühle wahrnehmen und zulassen, das leere Haus oder das leere Zimmer anschauen, vielleicht auch das zertrümmerte Gottesbild wagen anzusehen und sich damit auseinandersetzen, ohne damit ins Leere geführt zu werden. Eigene Wahrnehmungen tauchen auf, kleine aber wichtige Worte werden erinnert, Geschehnisse rücken in ein anderes Licht.

Labyrinthzeit ist die Suche nach dem roten Faden·dieser Beziehung. Im Durchgang des Labyrinths bekommt die Trauer eine Perspektive. Die Trauernden müssen lernen, daß die eigene Angst bestehen darf, sie müssen auch lernen, sich selbst Mutter/Vater zu sein. Lernen, sich gesund zu ernähren, auch wenn es noch keinen Sinn hat. Lernen, daß es für die Kinder wichtig ist, Ordnung, Kontinuität, Rhythmus zu erfahren. Sich erlauben, noch nicht immer erfolgreich zu sein, aber es versuchen. Lernen, daß alles anders geworden ist, daß man/frau um Hilfe fragen muß. Lernen, daß man/frau den eigenen Emotionen noch nicht trauen kann. Manchmal ist plötzlich das Weinen wieder da oder wieder so ein unerklärlicher Wutausbruch. Immer noch gibt es schlechte Tage, auch Krankheit. Lernen heißt dann, sich bewußt werden, daß solche Tage seltener und kürzer werden, sie aushalten und über sich selber stolz sein, *es* ausgehalten zu haben. Manchmal heißt das, drei Tage lang zu weinen. Ohne viele Worte macht in dieser Zeit die Nachbarin, die Schwester, die Mutter, der Partner, der Bruder, der Freund, die Besucherin aus der Gemeinde die tägliche Arbeit.

Der/die eine schafft es schneller, den Alltag wieder zu bewältigen, das Chaos wieder zu ordnen. Lernen, weiterzugehen und den Wendungen und Kurven des Labyrinths zu folgen.

Feststellen, daß da immer wieder ein Vertrauen ist, daß es eine Mitte gibt. Dann dieses Vertrauen ehren. Eine Gruppe suchen, als Unterstützung vielleicht. Oder regelmäßig mit einem Freund/einer Freundin sich austauschen, oder mit der Seelsorgerin/dem Seelsorger. Lernen, daß man den Pfarrer, die Sozialarbeiterin, die Psychiatrin oder Krankenschwester fragen darf, wenn es schwierige Fragen gibt. Einem Menschen begegnen.

Der Durchgang durch das Labyrinth dauert manchmal ein bis drei Jahre. Die Nahrung, die in der Bindung zu dieser Person steckte, wird nun als Samen für die Zukunft erneut gesät. Die Verbindung zur Zukunft liegt am Anfang des Labyrinths noch hinter dem Horizont und verbirgt sich immer wieder, während die Trauernden lernen, nun ihren Weg zu gestalten, den Weg zu ihrer Mitte.

Samen aus der Beziehung ernten dürfen, heißt dann weiterleben können *und* gleichzeitig die Ernte aus der Beziehung aufnehmen lernen. An diesem *Sowohl-Als-auch* kündigt sich die dritte Zeit an.

Die Regenbogenzeit

In dieser Zeit wendet der/die Trauernde sich dem Leben als Veränderte(r) wieder zu. Diese Zeit kennzeichnet sich dadurch, daß der/die Trauernde das *Sowohl-Als-auch* nun leben kann: Du bist gestorben, *und* ich lebe weiter. Beide Herzenskammern, so könnte man mit einem Bild sagen, stehen nun weit offen: die Kammer des Weiterlebens und die Kammer der Erinnerung. Für manche wird die nun erschlossene Beziehung zu dem Verstorbenen sehr wichtig, für andere weniger, oder nur an spezifischen Tagen des Lebens: Gedenktage, Feiertage oder Lebenswendepunkte der Kinder usw.

Die Beziehung hat ihre »Ernte« hergegeben, sie hat sich in einen inneren Zufluchtsort verwandelt, an dem man nach Bedarf noch verweilen oder zu dem man freiwillig zurückkehren kann.

Bei neuen Auslösern kann man auch unfreiwillig zurückgestoßen werden: Es gibt immer wieder kleine Januszeiten, kleine Labyrinthe, die die Beziehung erneut in den Blickpunkt rücken können und eine erneute Integration oder Stellungnahme verlangen. Aber dies macht keine Angst mehr. Ein trauriger Tag ehrt ja auch die Bindung, die ein wichtiger Teil der Biographie dieser Person, dieser Familie war und für viele (nicht alle) verwandelt auch weiterhin bleiben wird.

Das Bild einer Spirale erlaubt es, scheinbar am selben Punkt wieder angekommen zu sein: Man weiß jetzt, daß es zwar dieselben Gefühle sind, aber daß sie von einer nächsten Stufe des Lebens anders erlebt werden können. Trauer ist nicht etwas, was entweder immer nur anwesend oder immer abwesend ist. Sie kann zurückkehren, zur erneuten Auseinandersetzung einladen und wieder integriert werden. Man weiß jetzt, daß die Fähigkeiten zum nächsten Schritt da sind.

Das Modell *Trauer erschließen* versucht, die eigenen inneren Fähigkeiten der Trauernden mit ihnen gemeinsam zu erkunden, und dann den Weg nach ihren Bedürfnis zu gestalten.

Trauer erschließen erkennt, daß es zumindest drei Arten gibt, den Trauerweg zu gehen, d. h. die Beendigung der aktiven Trauerzeit kann unterschiedlich sein:

– Integrieren der Trauer: der Weg wie oben beschrieben.

– Ritualisieren der Trauer: Am Ende des Labyrinthes würde hier der Übergang zur Regenbogenzeit darin bestehen, daß dem/der Trauernden geholfen wird, die für ihn oder sie passenden Rituale zu finden, um den weiteren Weg, an Weihnachten, am Todestag, am Hochzeitstag usw. jedes Jahr gestalten zu können.

– Abschließen der Trauer. Am Ende des Labyrinthes könnte man hier z. B. ein Abschlußritual durchführen, das hilft, die Trauer abzuschließen. Zu frühes Abschließen ist jedoch nicht hilfreich, manchmal sogar gefährlich. Die Regenbogenzeit zu leben bedeutet, daß sich erst langsam eine Verlegung des Mittelpunkts ergibt: Ich lasse dich zurück, lebe ohne dich weiter. Wehmut muß zuerst ausgehalten und durch die Trauerbegleitung mitgetragen werden, bevor es zu einem Abschluß kommen kann.

Es wird klar, daß es hier nur um Akzente geht: Wer integriert, läßt auch einen Teil zurück, wer abschließt, kann auch gewisse Teile integrieren. Und für beide Gruppen können in Zeiten, die durch Rituale geprägt sind, die Bindungen zu den Verstorbenen schmerzlich lebendig werden. Dennoch ist der Weg des aktiven Umgangs mit der Trauer für diese drei Gruppen nicht gleich, und es wird von der Trauerbegleitung eine andere Art der Befähigung im Umgang mit Trauer gefragt.

»Das Loch, in das ich fiel, wurde zur Quelle, aus der ich lebe.« Der Weg des befähigten Umgangs mit einem Verlust, fängt vielleicht mit Ahnungen an, wie oben beschrieben. Sie liegen in den Augenblicken, die zwischen den schweren Zeiten aufblitzen. Dennoch liegt da die Quelle, an der man sich orientieren darf und kann. Die Sinnlosigkeit der schweren Verluste wird deshalb niemals sinnvoll. Aber die eigene Antwort auf das Schicksal kann heißen, daß, nachdem die Wolle gekämmt, der Faden gesponnen ist, ein neuer Mantel des Sinnes gewoben wird. Das ist niemals einfach, auch nicht dank einer guten Begleitung. Es ist jedoch zu schaffen, manchmal in Zusammenarbeit mit einer guten Begleitung.

Die Beziehung ist mit dem Tod nicht beendet, auch wenn der Mensch nicht mehr zu berühren ist. Das Loch kann zur Quelle werden, indem man seine Fähigkeiten kennenlernt und hinter der unwiderruflich geschlossenen Schleusentür weiterleben und die Beziehung verwandeln kann. Die reiche Ernte einer Beziehung ist auch mit der nur relativ kurzen Zeit einer Schwangerschaft, die zum Beispiel in einer Fehlgeburt endete, noch verfügbar. Die Länge einer Beziehung bestimmt nicht den Wert der zu erntenden Samen. Die Kunst liegt im Gewahrwerden – vielleicht im Gewahrmachen durch die Begleitung – des Augenblickes, in dem das Fenster geöffnet wird.

Der Augenblick des Fensters

Jemand schüttet Licht aus dem Fenster
Die Rosen der Luft blühen auf
Und in der Straße heben die Kinder beim Spiel die Augen
Tauben naschen von seiner Süße
Die Mädchen werden schön
Und die Männer sanft von diesem Licht
Aber ehe es ihnen die anderen sagen
Ist das Fenster von jemandem
Wieder geschlossen worden.

(K. Krolow)

Beim Lesen der Trauergottesdienste, die in diesem Buch gesammelt sind, kamen mir die Zeilen dieses Gedichtes, die für mich hier sehr passend sind.

Ruthmarijke Smeding

Im Blick auf
die Verstorbenen

Entbunden

Für ein totgeborenes Kind

Von der Mutter her war viel Ablehnung dem toten Kind gegen-
über: »Das wäre ja nie lebensfähig gewesen.« Der Vater ist sich si-
cher, daß sie sich mit dem Entschluß zur Beerdigung richtig ent-
schieden haben. Auf Wunsch der Mutter soll es eine kleine Feier
direkt am Grab und nur zu dritt sein.

SCHRIFTTEXT

Das Buch Jona

ANSPRACHE

Ich nehme das Bilderbuch »Jona« zur Hand (Gertrud Fussenneg-
ger/Annegert Fuchshuber, Jona, Innsbruck 1995), in dem die Ge-
schichte des Propheten in wunderbaren Bildern erzählt wird. Wir
schauen zusammen die Bilder an, und ich erzähle die ganze Jona-
Geschichte frei. Bei wichtigen Stationen, die mit der Leid-Erfah-
rung des Ehepaares N. korrespondieren, verweilen wir und tau-
schen Gedanken aus.

Es fällt uns auf, daß Jona nicht geradlinig vom Anruf Gottes zur
Tat schreitet. »Sehr ungern ging Jona, sehr ungern« ..., ihm war,
»als könne er keinen Schritt weitergehen«. »Jona verließ die
Straße, die er geschickt war ...« Wir erkennen in der Jona-Erzäh-
lung das Schicksal des kleinen Kindes wieder. Vor allem bewegt
uns die Stelle, in der die Matrosen im Sturm Jona über Bord wer-
fen, um sich zu retten und das Meer zu befrieden: »Die erste
Welle, die Jona erfaßte, schleuderte ihn gegen die Bordwand des
Schiffes«, daß ihm die Sinne vergingen, und er versank in Nacht
und Gebraus.« Der Untergang des Jona hilft uns, den Tod des Jonas zur Sprache zu bringen. Und wir finden Gedanken der Hoffnung: Jona drei Tage im Bauch des Fisches – Jesus drei Tage im
Grab – dann das Gebet »Gott, du kannst mich retten, so, wie du
Ninive retten willst«. Und »am dritten Tag verließ der Fisch die
Meerestiefe und tauchte auf. Da lag ein Strand vor ihm, mit Klip-

pen und Buchten, und der Fisch schwamm hin, öffnete seinen Schlund und spie Jona aus seinem Magen an das Ufer.« Wir reden über Ostern, Auferweckung »am dritten Tag«, über Gottes rettendes Handeln, das keinen Menschen im Tod läßt. Die Umkehr und Reinigung der Stadt Ninive und ihr Aufblühen durch die rettende Botschaft Gottes, die Jona ausrichtet, wird in der Jona-Geschichte in wunderbaren Bildern beschrieben: »Nun feierten sie ein großes Fest: der König ließ die Sklaven und Gefangenen frei und erlaubte dem ganzen Volk, aus dem guten Brunnen zu trinken. Schmutz und Unrat wurden aus der Stadt geräumt, die Toten wurden mit Ehren bestattet, die Ratten flohen, und Raben und Geier zogen in Schwärmen davon.« Diese Bilder wurden uns Grund zur Hoffnung in zweifacher Richtung. Es wird im Leben des Ehepaares N., das jetzt grau und voller Tränen ist, wieder bunte und fröhliche Tage geben.

Und das neue Leben des kleinen Jonas ist jetzt schon geprägt von der Freiheit und Freude, von der die biblischen Bilder künden.

GEBET ZUR BEGRÜSSUNG

Herr, guter Gott, du hast alles Leben in deinen Händen. Hier stehen wir um den kleinen Jonas und sind voller Fragen. Es fällt uns schwer, einen Sinn darin zu sehen, daß er noch im Leib seiner Mutter gestorben ist. Sei du bei ihm und bei uns in dieser Stunde, in der wir ihn aus der Hand geben und die Hoffnung auf ein fröhliches, neugieriges junges Leben für diesmal zu Grabe tragen. Laßt uns jetzt diesen traurigen Weg beginnen im Namen des Vaters und des Sohnes und des Heiligen Geistes.

SEGENSGEBET

Der barmherzige Gott hat seinen Propheten Jona mit machtvollem Arm durch die Fluten des Meeres, durch Angst und Zweifel hindurchgeführt in die Freiheit und das Licht. Er führe jetzt auch dich, Jonas, durch das Dunkel des Todes hindurch in seine herrliche Stadt, das ewige Jerusalem. *(Weihwasser)*

Laßt uns beten, wie der Herr uns geboten hat:
»Vater unser im Himmel ...«

Laßt uns beten: Gott, wir wollen den kleinen Jonas in die Erde geben, und wir vertrauen darauf, daß er nun aufgehoben ist in deiner Hand.

Nun beginnen wir abwechselnd, das Grab zuzuschütten. Wir bringen dabei unsere Gefühle zum Ausdruck, soweit wir sie benennen können. Wir sagen Fragen oder Sätze wie:
Ich hätte nicht geglaubt, daß der Abschied so weh tun kann. – Ist er jetzt wirklich bei Gott? – Nehmen ihn Oma und Opa jetzt in Empfang?

Mir tut es gut, die schwere Schaufel und die schwere Erde zu spüren. Die körperliche Anstrengung löst mich. Zum Schluß stellen wir ein Licht auf den kleinen Hügel und zünden es an. Wir stehen lange Zeit schweigend. Dann:

Herr, gib dem kleinen Jonas die ewige Ruhe – und das ewige Licht leuchte ihm; Herr, laß ihn ruhen im Frieden. Amen.

GESTALTUNGSELEMENT

Mein Kind

Wie ich dich vermisse
Noch niemand hat dich gekannt
Doch mich hast du bereits erfüllt
Du warst schon wichtig für unser Leben
Wir waren miteinander vertraut
Eigentlich sollten wir uns bald so richtig kennenlernen

Unsere Wünsche und Träume
Unsere Sorgen und Hoffnungen miteinander teilen
Du gehörtest zu unserer Familie
In all unseren Plänen warst du eingebunden

Mir fehlen deine Bewegungen
Dein Da-Sein
Und ich fühle nichts mehr
Ich bin so leer
Ich brauche es
Daß die Menschen um uns herum
Deinen Namen aussprechen

28

Daß wir von dir erzählen können
Daß wir nicht schweigen
Weil sonst deine Abwesenheit noch unerträglicher wird

Die Vertrautheit unseres Miteinander
Ist eine Erinnerung, die uns niemand nehmen kann
Was bleibt uns als Gemeinsamkeit?

Nur eines
Du und ich und unsere Familie
Wir sind nicht auf immer getrennt
Wir sind alle behütet in Gottes Hand

(Angela Körner-Armbruster)

Andreas Senn

Weggerissen

Für einen Säugling

Sieben Monate dauerte das Ringen um Leben und Tod bei der kleinen N. Der Säugling wird mit einer als unheilbar eingeschätzten Krankheit geboren. Nach sieben Monaten siegt die Krankheit. Der weiße Sarg mit dem kleinen Leichnam wird in den Altarraum gestellt.

SCHRIFTTEXT

Mk 5,37–42a

ANSPRACHE

Er wird das Kind in seine Hände nehmen

Wir sind erschüttert, daß der Tod nun doch gesiegt hat. Unsere Hände sind leer und kraftlos. Unser inneres Hören träumt der Melodie nach, die in dem tagelangen Ringen um Leben und Tod der kleinen N. ihre Aufmerksamkeit erregt hat. Ein hoffnungsvolles Zeichen, daß in diesem Säugling ein kleiner Mensch zum Erwachen des Bewußtseins und des menschlichen Daseins gelangt, das mehr ist als gefüttert werden, atmen und auf Sinnenreize reagieren. Ein Mensch, ein Menschenkind war geboren, ein Mädchen. Ihr Glück, liebe Eltern, liebe Mutter, lieber Vater, Ihre Freude, ein ganzes Reich von Hoffnungen und Bildern, spielende Kinder, lachender Kindermund, Tränen, die getrocknet werden, babbeln, stammeln, erste Worte formen, leuchtende Augen. Das war's, was in Ihren Herzen lebendig war, vom ersten Augenblick, da Sie erfahren durften, daß ein Kind unterwegs war, vom ersten Augenblick der Stunde der Geburt. Dann kam die schreckliche Nachricht der Ärzte, und wie Sie damals nicht ahnen konnten, eine ungeheure Anstrengung, ein riesiger Kampf, der alle Kräfte bis zur Erschöpfung an sich zog, damit Sie das durchstehen konnten, was bis zum heutigen Tag geschehen ist an Zuwendung, an Hoffnung. Und dazu die Täler der Verzweiflung, der Niedergeschlagenheit, das Erlahmen der Kräfte, das Herz, das verzagte und aufgeben wollte.

Aber immer, wenn die Eltern nicht mehr konnten, fing die Kleine an zu kämpfen, und es gab neue Lebenszeichen. Immer wenn der geübte Blick von Ihnen, den Schwestern, den Ärztinnen und Ärzten, dem Blick der Mutter und des Vaters ausweichen wollte, weil Sie sich eingestehen mußten, daß Ihre Kräfte nicht ausreichen, den Kampf zu gewinnen, dann fing die Kleine wieder an, Hoffnungszeichen zu geben. Oder jemand vom Pflegepersonal gab den Kampf nicht auf und machte Mut. Die verzweifelte Kraft der Mutter für ihr Kind war so übergroß, so mächtig, daß alle anderen wieder Kräfte sammelten, um den Kampf wieder aufzunehmen. Nun aber ist das Ende gewiß, das kleine Kind muß hergegeben werden, wir werden es bestatten, aus unseren Händen geben, in die Erde legen und Abschied nehmen.

Was wird nun geschehen? Wird die Macht des Todes ihren triumphierenden Sieg behalten? »Da lachten sie ihn aus.« Alle reden über Gott und seine Liebe und seine Macht, gehen vor diesem Lachen in die Knie. Können wir knien, kniend beten, oder müssen wir in diesem Lachen endgültig zusammenzucken, die Achseln zucken in unserer Ohnmacht und Sie, die Eltern, verstohlen aus den Augenwinkeln anblicken, um zu sehen, ob alle Hoffnung Ihnen entschwunden ist. Ob Sie noch den Mut haben weiterzugehen, sich in Ihrer Liebe zu finden, Tage des Lachens zu erhoffen und Tage, da vielleicht alles neu wird? Wir hoffen es und wünschen es, aber heute begleiten wir Sie in Ihrer Trauer, in Ihrem Schmerz und stehen Ihnen zur Seite bei dem bitteren Abschied, den Sie nehmen müssen.

Er faßte das Kind an der Hand und sagte zu ihm: »Talita kum!« Ein Wort, das wir nicht verstehen, eine Sprache von uralten Tagen, so drängend, so bewußt, so klar, daß es seine Stimme, sein Klang, sein Mund gewesen sein muß, der so sprach: Talita kum. Und der Evangelist fährt fort: »Das heißt übersetzt: Mädchen, ich sage dir, steh auf.«

Wie oft haben Sie das Händlein des kleinen Säuglings gestreichelt, wenn es Ihnen von ärztlicher Seite erlaubt war. Wie oft haben Sie sich stehend vor diesem Bettchen an den Händen gehalten, einander umarmt in der Hilflosigkeit unserer menschlichen Mächte und Möglichkeiten. Das einzig Wahre, was uns hält, die Hand des anderen, das Du, das uns selber wieder in seine Arme nimmt. Und das ist es eben gerade, was uns alle bewegt. Ein kleiner Mensch wird geboren, und noch ist er nicht auf der Welt, da wird er schon ein Du, ein Du der Liebe, indem die Liebe zu ihm spricht, ein Du, das Liebe in unendlicher Weise in unserem Herzen zu erwecken vermag. Das ist die wahre menschliche Geburt, daß ein Ich sich im Du findet und daß das Ich, das da geboren wird, in diesem kleinen Kind aus dieser Liebe leben kann, und so hilflos und so schwach selbst wieder Liebe geben kann. Alle Liebe des Schöpfers leuchtet in diesem Augenblick auf, wenn Jesus das Mädchen an der Hand faßt. In Vertretung dieses unfaßbaren Gottes, der die Welt aus seiner Hand entlassen hat und den Menschen schuf nach seinem Bild, faßt er dieses Mädchen an der Hand. Und in der Herzenssprache und im Klang der damaligen Zeit und Stimme spricht er zu uns über die Jahrhunderte, über Sprache und Zeit hinweg dieses Wort: Talita kum, steh auf, lebe.

Und so faßt er nicht nur dieses gestorbene Kindlein an seiner Hand und nimmt es in sein Leben, sondern er streckt die Hände aus nach Ihnen, liebe Mutter, lieber Vater, er will Ihnen die Hand reichen und Sie durch die Nacht des Todes und seines Kreuzes hindurchführen und hinaufziehen in das Land der Hoffnung und der Liebe, in die Gemeinschaft seines österlichen Lebens. Er will Ihnen sagen, Talita kum, steh auf, lebe, denn ich lebe und ihr werdet leben.

GEBET

Fasse meine Tränen in deinen Krug

Du hast gesagt,
du wollest denen nahe sein,
die zerbrochenen Herzens sind,
und dir hat man vorhergesagt,
du werdest den glimmenden Docht nicht verlöschen
und das geknickte Schilfrohr nicht vollends zertreten.

Im Vertrauen auf diese Worte
kommen wir zu dir,
traurig, bedrückt,
verstört und zweifelnd als Mutter und Vater.
Unser Kind mußte sterben zur Unzeit,
und niemand kann uns sagen,
warum und wozu das gut sein sollte.

Wir wissen es geborgen bei dir.
Aber es fehlt uns so sehr.
Wir sehnen uns nach ihm und wissen doch,
daß wir es in dieser Zeit nie mehr sehen werden.

Darum gehen wir nun auf dein Wort hin
als deine Gäste –
zum Festmahl unter Tränen,
zum Mahl der Hoffnung für Hoffnungslose,
die doch hoffen –
und sind verbunden mit all denen,
die auf dieser Erde trauern
über den Tod ihrer Kinder ...

Du lädst uns ein an den Tisch des Lebens,
Komm zu uns!

Amen.

(Nach einem Gebet von Wolfgang Hinker)

GESTALTUNGSELEMENT

Die kleine N. hatte während ihres monatelangen Kampfes eine
Spieldose am Bettchen hängen. Beim Abschied in der Kirche
nahm der Organist die Melodie der Spieldose auf und gestaltete
daraus eine musikalische Fantasie, eine Melodie der Trauer, der
Besinnung, des Abschiednehmens.

Dazu das: Gebet einer Säuglingsschwester

Gott, unbegreiflicher, geheimnisvoller Gott, hier ist die Spieldose
der kleinen N.
Das Lied ihres Lebens ist zu früh abgebrochen, kaum daß die Melodie zu vernehmen war.
Wir freuten uns und hofften in den letzten Wochen, wenn N.
sichtbar aufmerksam den Tönen lauschte.
Jetzt sind diese Töne und die Herztöne des Kindes verstummt.
Ihr schwerer Kampf hat uns nicht nur gefordert, N. hat uns auch
in ihrem kurzen Erdenleben viel gegeben.
In diese traurige Stunde und in den Schmerz von Mutter und Vater dieses kleinen Kindes bringe ich die Melodie der Spieluhr. Sie
hat uns soviel Mut gemacht, zu kämpfen und durchzuhalten. Wir

alle haben ein wenig gelächelt, wenn sie erklang, und Zärtlich-
keit empfunden.

Ich danke für die Liebe, die N. in uns geweckt hat.

Ich glaube, daß N. in der Liebe Gottes ist, und bete, daß wir auch
Gottes Liebe spüren dürfen.

Dieter Müller

Weggenommen

Für ein fünfjähriges Kind

SCHRIFTTEXT

Mk 10,13–16

ANSPRACHE

Ein Freund, der mir die Todesanzeige seiner fünfjährigen Tochter schickte, schrieb darüber das Wort: »Kinder sind ein Rätsel von Gott – und schwieriger zu lösen als andere.«
Wahrscheinlich werden wir dieses Rätsel nie lösen. Warum mußte N. gerade in dieser Form sterben, warum ins Auto springen? Warum kam das Auto nicht zwei Minuten später? Warum konnte der Fahrer nicht rechtzeitig bremsen? Für mich ist das wie ein Alptraum: Ich habe mir schon öfters vorgestellt, daß es mir passieren könnte. Eine furchtbare Vorstellung!
Wenn wir nur wütend sein könnten auf den Fahrer, wenn dieser leichtsinnig gewesen wäre – aber nicht einmal das können wir, weil es uns genauso hätte passieren können. Unsere Wut bleibt ohnmächtig und ohne Adressat.
Oder wollen wir Gott anklagen: Warum hast du dies nicht verhindert? Du bist allmächtig. Oder hast du diesen Tod gar gewollt? Ein Zirkel von Fragen – und kein Ende.
Aber eines wissen wir Christen bestimmt: Gott hat diesen Tod nicht gewollt. Er braucht keine kleinen Engel für uns. Gott leidet ohnmächtig mit uns. Er weint mit uns.
Nein, dieser Tod liegt in jenem großartigen, aber auch furchtbaren Rahmen unserer menschlichen Freiheit und Möglichkeit. Und so erschütternd ein Erdbeben oder eine andere Naturkatastrophe sein können, hier spüren wir, welch schreckliche Möglichkeiten wir Menschen ungewollt und ohne Absicht verursachen können.
Wie gehen wir damit um? Hilflos sind alle tröstenden Worte. Natürlich ist ihm/ihr viel erspart geblieben, aber genau darin liegt ja das Reizvolle unseres Lebens, in all dem, was einem im Leben nicht erspart bleibt. Außerdem wissen Eltern, welches Ge-

fühl es bedeutet, Kindern zu helfen, sich zu entfalten, bis sie selbständig das Leben meistern.

Die Alten meinten: Wen die Götter lieben, den lassen sie jung sterben. Damit kann ein Christ sich nicht mehr abfinden. Er kann nur die Hand der Eltern ergreifen und sagen: »Auch ich verstehe das nicht, aber ich lasse euch nicht allein.« Und sei es, daß wir wie Ijobs Freunde kein Wort herausbringen, sondern nur stumm mittrauern – zumal in der ersten Zeit.

Aber auch diese fünf Jahre waren nicht umsonst. Sie waren ein Geschenk der Liebe Gottes, und vielleicht sehen wir alle die Kinder jetzt ein wenig anders: kostbarer, beschützenswerter, liebevoller – auch wenn sie uns manchmal ärgern oder uns auf den Geist gehen. Wir, und die Eltern im besonderen, werden dieses Ereignis vielleicht nie verarbeiten, aber wir werden damit umgehen und versuchen, sensibler für die Kinder zu sein, in denen uns ja Gott selbst anblickt. Wir werden auch mehr Verständnis für sie entwickeln, weil dies für Kinder so unendlich wichtig ist.

Dir, N., danken wir für dein Leben, dein Fragen, deine klaren Augen – für alles, was du uns geschenkt hast. Du bist jetzt in der Liebe Gottes, wo wir dich einst wiedersehen für immer. Du bist glücklich, schaust uns an, bist uns nahe. Dies mag uns trösten – bei allem Schmerz. Du bist unser guter kleiner Begleiter mit all deinen Fragen, die du uns gestellt hast und die jetzt für dich in Gott beantwortet sind. Wir danken dir für diese Nähe, auch wenn, was wir gestreichelt haben, nun in die Erde gesenkt wird. Deine Liebe, unsere Liebe stirbt nicht und gibt uns Kraft.

GEBET

Du, unser Gott, bist uns jetzt im Schmerz besonders nahe. Das Kreuz Jesu ist für uns das Zeichen, das alle Pläne durchkreuzt hat und jetzt unsere Zuflucht ist.

Jesus hat die Kinder geliebt und gestreichelt, weil er deine Liebe, Gott, in ihren Augen sah. Wir wissen, daß N. jetzt bei dir ist. Wir wissen sie/ihn aufgehoben und geborgen. Sei du mit den Eltern und der ganzen Familie. Sei du auch mit dem Autofahrer in seiner Verzweiflung. Laß uns alle die Kinder hüten und pflegen, und gib uns Kraft, das Unerklärliche zu tragen. Führe uns durch alle Rätsel dorthin, wo wir N. jetzt bei dir spielen sehen – glücklich für immer. Amen.

GESTALTUNGSELEMENT

Unsere Liebe – ein Sakrament
Ein Zeichen, eine Botschaft
So stark, so bewußt, daß wir sie teilen wollten
Mitteilen wollten.
Ein Leben, das aus unserer Liebe entstand
Das wir glücklich verströmten
Das wir selbstlos schenkten
Das so kostbar war

Ein neues Leben.
Ein Kind. Unser Kind.
So zart und zerbrechlich
So neu und doch bekannt
So unvergleichlich und einzigartig

Glitzernd wie Sternenstaub
verzaubert sein erster Blick unsere Seele
Eine winzige Faust um unserem Finger und wir ahnen:
nie wieder läßt du uns los
Ein Band wird zwischen uns geknüpft
aus leuchtenden Farben und
silberhellen Tönen
Nie soll es zerreißen

Gemeinsam unterwegs. Nie mehr allein.
Freundschaft und Liebe. Verständnis und Geduld.
Güte und Nachsicht. Geben und nehmen.
Führen und folgen. Frage und Antwort.
Wünsche und Pläne. Sorgen und Hoffnungen.
Lachen und Weinen.
Du und ich.
Du und wir.
Unsere Familie.

Das aufwühlende Zucken des Blaulichts haben
wir nicht mehr vor Augen.
Wir haben es in uns.
Es füllt uns aus, bestimmt unseren Tag und unsere Nacht.
Aufwühlend, erschreckend, alarmierend.
Schreck und Panik.

Endgültig und unabänderlich.
An und aus. Hell und dunkel.

Unsere Augen – weit offen, ungläubig, blind
Unsere Ohren – taub von der Stille, von sinnlosen Worten
Unser Mund – geöffnet zum ungehörten Schrei
Unsere Beine – willenlos unterwegs
Unsere Hände – tastend, kalt, leer
Unsere Arme – zitternd ausgestreckt, kraftlos
Unser Herz – erfüllt von ohnmächtigem, flammendem Schmerz

Weggenommen – was uns nicht gehört hat
Herausgerissen – aus unserer eigenen Mitte
Von uns gegangen – zu einem fremden Ziel
Heimgegangen – doch nicht in unsere familiäre Geborgenheit
Vorausgegangen – doch nicht aus freiem Willen
Zurückgeblieben – wo das Leben nicht mehr lebenswert scheint

Unter uns liegt nicht nur Weite, sondern Endlosigkeit
In uns sind Fragen, die ohne Antwort bleiben
Um uns ist nicht Leben, sondern das Nichts.
Ein Nichts, das Hand in Hand mit der Einsamkeit geht.

Es legt sich um uns wie ein schwarzer Umhang.
Wir sind gelähmt, blind, taub.
Vorwürfe und Anklagen würgen uns.
Wir möchten schreien, daß es die Berge und Täler erschüttert.
Aber wir sind klein. So klein.
Sandkorn und Lidschlag.
Der Umhang nimmt uns die Luft zum Atmen.
Er läßt kein Geräusch an unser Ohr dringen.
Er verdeckt den Weg, der vor uns liegt.
Aber er bietet auch Schutz.
Schutz vor uns selbst, vor den anderen, vor dem Leben,
das unvorstellbarerweise dort draußen weitergeht.

Wir müssen hinaus aus dieser Schwärze.
Kraft sammeln in der Schwerelosigkeit
Mut in der Hoffnungslosigkeit
und wieder hinaustreten.
In ein Leben, das uns unannehmbar scheint.
In ein Leben ohne unser Kind.

Wir brauchen einen, der den schwarzen Umhang von uns nimmt
Einen, der uns nach dem Tod die Auferstehung ahnen läßt
Einen, der uns mit warmer Geborgenheit umhüllt
Einen, der uns das Vorher und das Nachher
zum Geschenk macht
Einen, der uns mit einer kostbaren Erinnerung leben läßt
Einen, der uns an der Hand nimmt
auf dem Weg in ein neues Leben
in dem wir uns verändert wiederfinden
und auch die anderen.

Wir werden ihm begegnen.
Zuerst in uns.
Dann in der Schöpfung.
Er hält die ganze Welt in seiner Hand.
Er hält unser Kind.
Er hält auch uns.

Wann ist es so weit?

(Angela Körner-Armbruster)

Wolfgang Gramer

»Abgebrochen – und doch vollendet«

Für eine verunglückte Jugendliche

Die Eltern waren am Freitagmorgen aufgebrochen zu einer mehr-
tägigen Vereinsfahrt. Um die Mittagszeit verunglückte die Toch-
ter, zwanzig Jahre alt, auf der Rückfahrt von der Arbeitsstätte
nach Hause, nur zwei Kilometer außerhalb der Ortschaft. Ihr
Freund, Mitglied der Freiwilligen Feuerwehr, wurde im Rahmen
des Einsatzes an die Unglücksstelle gerufen.

SCHRIFTTEXT

1 Kor 13

ANSPRACHE

Ungezählte Male schon war dieses Hohe Lied der Liebe Grund-
lage für die Hochzeitsansprache – jetzt ist es das wegweisende
Wort am offenen Grab. Warum eigentlich, wo doch hier von *dem*
Weg die Rede ist, der über alle anderen Wege hinausführt!?
Der Weg, der über alles andere hinausführt, weiß um die Wege,
die abbrechen, die hinausführen aus dem Leben – hierher auf den
Friedhof, wo selbst Glaube und Hoffnung sprachlos werden. Hier
in dieser Stunde bleibt von diesen dreien Glaube, Hoffnung und
Liebe nur noch die Liebe, die weiter weiß.
Die Liebe hört niemals auf: Könnten wir hier in der Begegnung
mit dem jähen Tod von N. dieses Bekenntnis wagen, ohne das
Kreuz Jesu in unserer Mitte zu wissen, das Zeichen des Kreuzes,
das den Anfang und das Ziel für die Perlen des Rosenkranzes
kennzeichnet, den Sie Ihrer N. mitgegeben haben als Kennzei-
chen ihres Lebensweges? Ein Weg, der abgebrochen ist und doch
Anfang und Ziel in Christus hat.
Die Liebe hört niemals auf – könnten wir das mit dem harten
Schlag zusammenbringen, der machtlos sein läßt und unzählige
Fragen des Warum und Wieso aufwirft, wenn wir nicht den auf-
erstandenen Christus mit seiner Liebe in unserem aufgewühlten
Herzen wissen dürften?
Aus Ihrem Haus, liebe Familie N., kommt seit einigen Jahren die
Osterkerze unserer Gemeinde. Die Botschaft dieser Kerze in das

Dunkel des Karsamstags ist das »Lumen Christi« in der Osternacht – die Kerze trägt Christus in all die dunklen Nächte des Todes hinein. Jedes Detail aus der Gestaltung der Osterkerze wird hier in dieser Stunde zur schmerzlichen und tröstlichen Wahrheit.

N. hat soeben ihre Ausbildung als Regierungsassistentin abgeschlossen. In ihrem Beruf ist sie von Amts wegen Menschen begegnet, deren Lebenssituation durch Krankheit, Leid und Tod verändert wurde. Sie hat ihr Amt im tiefsten Sinne wirklich als solches verstanden – nämlich aus Verantwortung und in Anteilnahme aus der Kraft des Herzens: Am größten unter ihren Kräften ist die Liebe gewesen.

Ihr Verstehen, ihr Anteilnehmen und Helfen ist für einen jungen Menschen von zwanzig Jahren in dieser Ausprägung nicht selbstverständlich. Ich möchte zwei Haltungen benennen, die ich persönlich von ihr kenne:

Ihr Verstehen und Helfen geschah mit *Freude!* Dieses so leicht dahingesagte: Geteilte Freude sei doppelte Freude, war bei ihr glaubwürdig und wahr. Es war eine Lebensfreude, die sie schenkte und die sie verband mit den vielen, die heute anteilnehmen – in der Verwandtschaft ihrer Familie und der Familie ihres Freundes N., in der Freundschaft und Kameradschaft ihres Jahrgangs, in der Wertschätzung ihrer Berufskollegen, Mitarbeiter und Vorgesetzen. Stellvertretend sprechen davon betroffene, dankbare und tröstliche Worte zweier Freunde: »Die Wärme ihres Lichtes erfreute viele Herzen.«

Lebensfreude, die sie immer wieder mitteilte im äußeren Zeichen der Blume. Als Sie in unserem Gespräch diese Züge von N. nachzeichneten, ist mir wieder deutlich geworden, daß dieses Zeichen der Blume ein sehr tiefes Zeichen des Bekenntnisses sein kann: »Die Liebe hört niemals auf.« Doch alles hängt davon ab, wie wir mit der begrenzten Leuchtkraft menschlicher Liebe umgehen. Denn all die Farbe, Schönheit und Vielfalt, der Duft und der schöne Wuchs der Blume können kalt und hart bleiben wie der Tod selbst, wenn sie nicht von Glaube, Hoffnung und Liebe zur Wirkung gebracht werden.

Und ein zweites: N. stellte ihre Begabungen und Fähigkeiten in den Dienst des *Helfens und Anteilnehmens* – eine ihrer Begabungen etwa das Zeichnen. Es ist ja eine Teilhabe an der schöpferischen Vorstellungs- und Gestaltungskraft Gottes. Oder ihre

Fähigkeit zuzuhören, einzufühlen und dadurch vermittelnd zu wirken und Brücken zu schlagen und damit anschaulich zu machen, daß das große Liebeslied im kleinen Alltag seine Bewährung findet: Die Liebe ist langmütig.

Daß Helfen und Anteilnehmen Fähigkeiten wachruft und Talente fördert, diese Lebenshaltung hat N. in der Familie erlebt und auf ihre eigene Weise angeeignet und entfaltet.

Sie, liebe Familie N., haben in dieser Weise viele Menschen angeregt, in einer Weise zu helfen, die den Gebenden bereichert. Sie haben dabei Menschen im Blick bewahrt, die in der Entfaltung ihrer Fähigkeiten behindert sind. Daraus ist eine Patenschaft des schöpferischen Helfens gewachsen – und eine dieser schöpferischen Quellen ist das Gebet, das in Ihrer Familie verankert ist.

Schöpferische Vielfalt des Lebens und schöpferische Kraft aus dem Gebet. Das Gebet ist in diesen Tagen bei all dem Unerträglichen das Tragende, weil es auch zuvor Sie getragen und verbunden hat. Wir brauchen diese Tragkraft um so mehr, als wir heute in unserer Gesellschaft eine seltsame Kluft wahrnehmen: Der Qualität von Arbeit, Leistung und technischem Können steht oft die Hilflosigkeit gegenüber, unseren menschlichen Beziehungen Qualität und Bestand zu geben. Diese lassen sich nicht herstellen – sie brauchen eine andere Quelle. Paulus spricht im Hohen Lied der Liebe davon, daß wir von Gott durch und durch erkannt und angenommen sind und daraus einander anzunehmen vermögen. Die Liebe hofft alles, duldet alles, hält allem stand. Diese poetischen Worte sprechen von den menschlichen Beziehungen, die in der Liebe Gottes Kraft finden zum Standhalten. Der Weg zum Tod durch Krankheit gewährt uns zuweilen diese Zeit, diese verborgene Quelle der Lebensbejahung aufzuspüren und daraus wieder zu wachsen und zu reifen.

Die Gefährdungen des Verkehrs aber fordern uns heraus, uns vorsorgend und weitblickend um diese Quelle der Lebensbejahung und des Gottvertrauens zu kümmern, damit wir in der Dichte des Augenblicks im unmittelbaren Gegenüber von Leben und Tod tun können, was des Menschen würdig ist: ein Ja zu sagen, ein Amen. So können wir im harten, kalten Einbruch der Trauer und des Verlustes das tun, was des Menschen würdig ist, nämlich: danken.

Die Verwandten von N., ihrem Freund, schreiben: Sie war überzeugt davon, daß wir Menschen keine Spanne unseres Lebens kürzen oder verlängern können – Gott allein hat es in der Hand. Lieber N. *(Freund)*: Auf unser Fragen »Warum« gibt es keine Antworten aus unserer eigenen Weisheit. Es gibt aber einen Tröster, der selbst unsere Trostlosigkeit an seinem Kreuz ausgestanden hat. Er entläßt uns von diesem Ort mit seiner Zusage: Du lebst nicht für dich allein – und du stirbst nicht für dich allein. Ob wir leben oder ob wir sterben, wir gehören dem Herrn. Zu jemandem gehören – dafür sagen wir auch Liebe. Mit dir danken wir alle der Verstorbenen für ihre Liebe und vertrauen unser »Warum« dem einen an, zu dem wir und sie gehören.

GEBET

Herr Jesus Christus, du bist Herr über Leben und Tod. Wir treten in dieser Stunde, in Schmerz und Trauer, mit unseren Bitten vor dich:

– Ermutige die Familie und die Angehörigen von N. und ihren Freund N., daß sie aus dem Glauben den Schmerz des Verlustes annehmen können.

– Wir bitten dich für N., daß das Gute, das sie gesagt und getan hat, Frucht trägt für ihr ewiges Leben.

– Bereite in den Herzen aller, die um sie trauern, den Weg, der sie hinführt vom Schmerz zur Dankbarkeit für das, was uns in N. geschenkt bleibt.

– N. hat es für sich als wichtig angesehen, ein Netz menschlicher Beziehungen zu knüpfen, das Halt und Hoffnung geben kann. Herr, gib uns Mut und Kraft, dieses Netz weiterzuknüpfen und einander zu tragen.

Herr, du hast mit N. einen Menschen zu dir gerufen, der aus deiner Liebe gelebt hat. Nimm sie auf in deine ewige Liebe. Amen.

GESTALTUNGSELEMENT

Es ist in der hier zugrundeliegenden Situation sicher eine seltene Ausnahme, daß aus dem Trauerhaus die jährliche *Osterkerze* in kunstvoller Gestaltung hervorgegangen ist (in einer Wachenacht von Gründonnerstag auf Karfreitag!). Doch kann dies Anknüpfungspunkt sein für Überlegungen, wie die Osterkerze aus der Gemeinde herauswachsen und in der Gemeinde beheimatet sein kann, z. B. in kleineren Gemeinden: Die Namen der seit dem Osterfest Verstorbenen werden mit dem Begräbnistag von unten herauf in Zierwachs auf die Osterkerze aufgebracht. Die mit dem neuen Osterfest »ausgediente« Osterkerze wird diesen Familien übergeben, wo sie für eine bestimmte Zeit, z. B. über den Jahrestag, bleibt und dann weitergegeben wird.

Es ist sicher schwierig, eine Wegweisung und Anleitung für den Gebrauch der *Blumen* als Grab- und Kranzschmuck zu geben. Aber es ist ein Weg, den Sinn dieses Zeichens neu bewußt zu machen, wenn am Grab alle Abschiednehmenden eine Blume mitbekommen (also der umgekehrte Weg!) und damit die Frage deutlicher wird, was mir dieser Mensch und sein Tod ans Herz legt.

Robert Widmann

Verwaist

Für eine junge Mutter

Die Verstorbene war 37 Jahre alt. Sie hinterläßt den Ehemann und zwei Kinder.

SCHRIFTTEXT

1 Joh 3,11.16–21

ANSPRACHE

Ich soll in diesem Trauergottesdienst die Ansprache halten. Aber eigentlich verbieten sich Worte, ich sollte lieber schweigen. Denn eine Antwort auf die Fragen, die sich in jedem von uns seit dem Tod von N. N. aufbäumen oder denen, die davon wußten, wohl schon seit der lähmenden Gewißheit der Unheilbarkeit ihrer Krankheit Herz und Verstand durcheinanderbringen, eine Antwort auf diese Fragen nach dem »warum« und »warum sie« und »warum so früh« – eine Antwort auf diese Fragen habe ich nicht.

Den ganzen Sonntag ließ mich dieser Tod nicht los, der Tod eurer Mutter, die ihr so lieb habt und die ihr so sehr braucht, der Tod Ihrer geliebten Frau, mit der gemeinsam Sie leben und lieben und für Ihre Kinder da sein wollten in eine glückliche Zukunft hinein, dieser Tod von N. N. machte auch mein Herz bang und schwer, bis ich die Worte der Lesung vom Sonntag hörte und Ihr Erzählen, Herr N., als ich gestern morgen in Ihr gemeinsames Haus kam.

In der Lesung aus dem zweiten Brief des Paulus an die Gemeinde von Korinth hörte ich am Sonntag: »Wir glauben und darum reden wir. Denn wir wissen, daß der, welcher Jesus auferweckt hat, auch uns mit Jesus auferwecken und zusammen mit euch vor sein Angesicht stellen wird« (1 Kor 4,13–14). Das ist unser Glaube, und wenn er heute hier nichts zu künden hätte, was wäre er dann? Wenn heute diese Gewißheit nicht laut würde, wenn dann? Wenn wir heute nicht nach dieser Hoffnung ausgreifen könnten, wonach dann?

Der Tod bringt das Gerede zum Verstummen. Ihn vor Augen, seinen Schmerz im Herzen, können keine Reden gehalten werden.

Wenn ich dennoch nach Worten suchte, dann weil der glaubende Paulus so mutig schreibt: »Wir glauben und darum reden wir.« Und er mich ermutigt zu sagen: Ich glaube doch auch, und darum rede ich heute, darum bete ich heute mit Ihnen allen für die Verstorbene, darum singen wir sogar Lieder des Glaubens.

Das zweite, das mich ermutigt zu reden, ist die Begegnung mit Ihnen, Herr N., gestern vormittag, und Ihr Erzählen. Der Tod Ihrer Frau hat für Sie etwas von seinem Schrecken verloren. Denn Sie mußten nicht nur den Tod Ihrer Frau hinnehmen, Sie konnten, durften auch ihr Streben erleben und begleiten. Und das, was uns zunächst so grausam und unerträglich erscheint, wurde für Sie auch zum Erleben großer Liebe und tiefer Verbundenheit.

Der Tod, da gibt es nichts zu beschönigen, dieser Tod Ihrer Frau, dieser Tod eurer Mutter, dieser Tod der Tochter, der Freundin, der vielleicht gleich jungen Frau und Schulfreundin, da gibt es nichts zu verharmlosen, das ist ein schmerzender, ein trauriger Verlust und eine tiefe Wunde im Herzen, die weh tut, vielleicht ein Leben lang. Da hilft kein Trostpflästerchen, auch kein frommes.

Aber für Sie, Herr N., wurde das Sterben Ihrer Frau mehr: Vergewisserung Ihrer gegenseitigen Liebe und Treue, Vergewisserung eines tiefen Geheimnisses des Lebens, das tiefer reicht als das alltäglich uns vorgeführte und von uns gelebte Leben. Vieles ist in den letzten Monaten und Wochen schal geworden für Sie, was sonst so wichtig ist. Vieles, das nicht trägt, das nur wichtigtuerischer Schein oder gar Lug und Trug ist. Und anderes ist Ihnen wichtig und möglich geworden, was Sie nie für möglich hielten: große Nähe, tiefe Liebe, ringende Treue, kämpfende Pflege, versöhntes Loslassen und glaubendes Hinausblicken: Sie haben gelernt, unter Schmerzen, notgedrungen und todesgewiß, »nicht auf das Sichtbare zu starren, sondern auf das Unsichtbare auszublicken« (1 Kor 4,18). Und dieses Unsichtbare hat wohl doch eine größere Wahrheit in sich als das viele, viele Sichtbare, um das wir uns ständig kümmern und kümmern müssen, an dem wir uns ehrlich freuen und von dem wir uns auch ernähren, das aber eben immer fragwürdig und zerbrechlich, endlich, nie aber endgültig und bleibend nährend ist.

Die Lesung, die wir gehört haben, ist für Sie so etwas wie ein Testament Ihrer Frau geworden. Sie will uns erinnern an die Suche nach Wahrem, nach Tragfähigem, Echtem und an die Liebe, die treue Liebe füreinander, die verschenkt, auch sich selbst verschenkt. Ihre Frau sehnte sich danach, suchte sie zu leben, litt an der Mühe um Wahrheit und Wahrhaftigkeit und dem Unvermögen zur Liebe. Wir alle brauchen beides so notwendig. Sie in Ihrer mühseligen Trauer, in Ihrem Bemühen um die Kinder und Ihre Zukunft. Ihr Kinder braucht Liebe und Wahrheit, damit ihr euer Herz öffnen könnt, dem Leben trauen könnt und den Menschen, die um euch herum mitleben. Jede und jeder von uns braucht Wahrheit und Liebe in seinem vielleicht ebenso bedürftigen Leben, nicht nur mit Wort und Zunge, nicht nur als Lippenbekenntnis, sondern verläßlich in Tat und Wahrheit.

Verschließt euer Herz nicht dem Bruder und der Schwester, die ihr in Not seht, in der Trauer nicht und in Reichtum und Glück nicht. Dann bleibt die Gottesliebe in uns, die tröstende und haltende, dann werden wir unser Herz, unser aufgewühltes in seiner Gegenwart beruhigen, dann haben wir gegenüber Gott Zuversicht (1 Joh 3,17–21).

Der Tod bringt uns zum Schweigen, solcher Tod wie dieser von N. N. allemal, uns und alle Weltvernunft, auf die wir so stolz sind und die sonst so viel vermag. Vielleicht vermögen wir aber – stiller geworden – zu hören, die leise und vorsichtige Botschaft von der Auferweckung Jesu und die zitternde Hoffnung, daß er der erste war und an uns dasselbe Wunder geschieht. Vielleicht vermögen wir – schweigsamer geworden – zu glauben, Gott zu glauben, dem lebendigen und lebenschaffenden Gott Jesu Christi zu trauen: »Euer Herz sei ohne Angst!« (Joh 14,1). Und vielleicht vermögen wir liebzugewinnen und zu lieben, weiter- oder neu liebzugewinnen die Menschen um uns und unser zerbrechliches Leben, weil Gott es trotz des Todes, trotz dieses Todes mit großer Zukunft mit uns lebt.

GEBET

Gott,
wir verstehen diesen Tod nicht.
Und doch möchten wir vertrauen
auf dein Wort.
Wir möchten glauben
an dein Leben.
Du hast deinen Sohn auferweckt vom Tod.
Erwecke auch N. N.

und schenke ihr dein neues und ewiges Leben,
das du uns allen verheißen hast
in der Gemeinschaft deines Reiches.

GESTALTUNGSELEMENT

»Wir haben die Vorstellung, daß der Tod das Leben erjagt.
Ja, aber es fällt ihm nur zum Raube,
was zerstörbar, verweslich daran ist,
Staub von den Flügeln des Schmetterlings.
Er ist ein großer und schneller Jäger,
aber holt das Leben nicht ein.«

(Ernst Jünger)

Clemens Stroppel

Plötzlich

Für einen Menschen, der mitten aus dem Leben gerissen wurde

SCHRIFTTEXT

Röm 8,35–38

ANSPRACHE

Plötzlich hat uns die Nachricht vom Tod von N. N. erreicht. Niemand hat damit gerechnet. Plötzlich ist alles anders. Wir können es nicht fassen und noch weniger begreifen. Es stellen sich viele Fragen, auf die wir keine Antwort wissen. Wir sind hilflos, wir sind erschüttert, wir sind tief betroffen. Wir möchten etwas sagen und finden nicht die passenden Worte dafür. Wir möchten etwas tun und wissen selbst nicht was. Wir möchten protestieren und aufschreien und wissen doch, daß es nichts mehr verändert und rückgängig macht. Besonders Ihnen, den allernächsten Angehörigen, den Eltern, Großeltern, Geschwistern und Freunden, möchte ich sagen, daß wir Anteil nehmen an Ihrer Trauer, auch wenn wir sie Ihnen nicht abnehmen können und dürfen. Verstehen Sie bitte auch die Worte und Gedanken als einen schwachen Versuch, mit Ihnen zu fühlen, Ihnen beizustehen, gerade in dieser Stunde des äußeren Abschieds, Ihnen ein Wort des Trostes aus dem Glauben zu schenken. Es mag Augenblicke oder auch Stunden geben, in denen Sie das Gefühl haben, die Schwere der Trauer erdrückt sie, nimmt Ihnen den Atem. Die Tiefe und Wucht des Schmerzes mag Ihnen manchmal so gewaltig vorkommen, daß sie Ihre Kraft übersteigen und überfordern.
Trauen Sie sich, Ihren Schmerz, Ihre Trauer und die dazugehörenden Tränen zu zeigen. Sie können mit Gott ringen, kämpfen und hadern. Sie dürfen ihm auch Ihren Zorn, Ihre Wut und die ganze Fassungslosigkeit bringen. Allerdings ist Gott kein Dauerredner, kein Alleserklärer, kein Besserwisser. Er schweigt und scheint in solchen Situationen oft so unheimlich fern, aber auch wieder unbegreiflich nahe.
Vielleicht sind die Gedanken aus dem Brief an die Römer, die wir eben als Lesung gehört haben, eine kleine Hilfe, ein wenn auch

nur schwacher, so aber doch echter Trost. Paulus zitiert darin eine Erfahrung, wie sie im Psalm 44 beschrieben wird, daß wir den ganzen Tag dem Tod ausgeliefert sind. Tag und Nacht drehen sich unsere Gedanken um dieses plötzliche Sterben, um diesen schrecklichen Tod. Sie verfolgen und bedrängen uns auf Schritt und Tritt. Wir können sie nicht einfach abschütteln und loswerden. Wir erleben uns als Opfer, als Menschen, denen ein grausames Schicksal zugemutet wird.

In all diesen Bedrängnissen, dieser schweren Not, dieser inneren Kälte und Leere, dieser Sinnlosigkeit und Unbegreiflichkeit verweist uns der Apostel auf eine Möglichkeit, all das auszuhalten und sogar zu überwinden. Für ihn – und auch für uns – geht das nur durch den, der uns geliebt hat und der für uns gestorben ist. Er spricht von der Gewißheit, daß uns nichts und niemand, weder Engel noch Teufel, weder Tod noch Leben trennen können von der Liebe Gottes, die in Christus Jesus ist, unserem Herrn.

Ich kann mir vorstellen, daß Ihnen das als eine erneute Zumutung erscheinen mag. Aber kann es nicht auch tröstlich sein, daran zu glauben und darauf zu hoffen, daß hinter und unter allem, was in unserem Leben geschieht, noch eine andere Kraft und Wirklichkeit steht, die wir Gott nennen oder auch Liebe? Damit wird nichts gerechtfertigt, erklärt oder bewiesen; darum geht es hier nicht, und darum kann es auch gar nicht gehen.

Auch wenn wir nicht aus dieser Gewißheit, die aus den Worten des Paulus klingt, sprechen können, so dürfen wir fragend und zweifelnd seine Überzeugung und sein Zeugnis annehmen, um selbst zu erfahren, daß darin eine Kraft steckt, das Unerträgliche zu ertragen; daß sein Wort uns tragfähiger und das Schwere tragbarer werden läßt. Auch wenn sich in uns manches sträubt und wehrt, so könnte uns dieses Schriftwort sagen, daß es in unserer Sprachlosigkeit möglich ist, seine Wahrheit in unserer eigenen Auseinandersetzung zu erfahren.

In diesem Wort wird nichts beschönigt oder verharmlost, sondern die verschiedenen Kräfte und Mächte, die uns bedrohen und oft auch bedrängen, werden genannt. In einer Situation wie der heutigen können wir sicher noch mehr von solchen Gewalten nennen, denen wir ausgeliefert sind, wie eben der Schmerz, die Ohnmacht, die innere Erschütterung, die Grausamkeit und Unbegreiflichkeit. Auch darin will das Pauluswort uns daran erinnern, daß das einzig Wahre und Bleibende die Liebe Gottes zu uns ist. Diese Liebe ist stärker als der Tod und aller Schmerz.

GEBET

Gott, wir können es einfach nicht fassen; wir können nicht begreifen, was geschehen ist. Warum dieser Tod? Warum? Wir stehen hilflos da und können nichts als trauern, weinen und klagen. Wir sind aufgewühlt und gleichzeitig wie gelähmt. Es fällt uns unheimlich schwer, geeignete Worte zu finden.
Doch du verstehst uns, auch wenn wir sprachlos sind. Du bist auch im Dunkel unseres Lebens für uns da.
Wir richten unseren Blick auf das Kreuz Jesu. Wir bitten um Trost und Zeichen der Hoffnung. Im Sterben Jesu hast du unser menschliches Sterben angenommen und durchlitten bis hinein in die äußerste Verlassenheit.
Laß uns durch ihn die Kraft bekommen, die schweren und leeren Stunden auszuhalten, die Trauer und den Schmerz zu ertragen, um der Liebe willen zu leiden.
Laß uns durch ihn das Vertrauen finden und die Hoffnung, die uns davor bewahren, zu verzweifeln.
Laß uns lernen, unsere eigene Ohnmacht und die Überforderung anzunehmen und zu überwinden.
Laß deine Kraft in unserer Schwachheit erfahrbar werden, und stärke uns für den beschwerlichen und mühsamen Weg des Trauerns. Darum bitten wir durch Christus, unseren Bruder und Herrn. Amen.

GESTALTUNGSELEMENT

In diesem Gottesdienst halte ich einen besonderen Segen für die Trauernden für geeignet. In diesem Segen soll einerseits zur Trauer ermutigt, aber auch – so weit möglich – Trost zugesprochen werden.

Gesegnet deine Trauer,
daß du nicht erstarrst vor Schmerz,
sondern Abschied nehmen
und dich behutsam lösen kannst,
ohne dich verloren zu geben.

Gesegnet deine Klage,
daß du nicht verstummst vor Entsetzen,
sondern herausschreien kannst,
was über deine Kraft geht
und dir das Herz zerreißt.

Gesegnet deine Wut,
daß die Entmutigung dich nicht überwältige,
sondern die Kraft in dir wachse,
für dich zu kämpfen,
trotzdem dein Leben zu wagen.

Gesegnet deine Einsamkeit,
daß du Raum findest, Vergangenes zu ordnen,
ohne schnellen Trost zu suchen
und in blinder Flucht
neues Unheil auf dich herabzuziehen.

Gesegnet du,
daß du Unsicherheit aushalten
und Ängste bestehen kannst,
bis du wieder festen Grund spürst
unter deinen Füßen
und ein neuer Tag dir sein Licht schenkt.

(Sabine Naegeli)

Paul Weismantel

Verschlossen

Für einen, der sich das Leben genommen hat

N. N. wurde von seiner Familie tot auf dem Speicher gefunden: aufgehängt. In einem kleinen Dorf eine schwierige Situation, die sich nicht verheimlichen läßt, aber auf Wunsch der Familie auch nicht thematisiert werden sollte.

SCHRIFTTEXTE

Hos 6,1–3
Joh 10,14–15.27–29

ANSPRACHE

»Kommt, wir kehren zum Herrn zurück! Denn er hat Wunden gerissen, er wird uns auch heilen; er hat verwundet, er wird auch verbinden.«
Auf der Suche nach einem passenden Schriftwort für diese Stunde stieß ich auf diesen Text aus dem Prophetenbuch Hosea. Ich las ihn immer wieder, und je mehr ich ihn las, desto mehr erschien er mir wie eine Einladung. Ich stellte mir N. N. vor: seine ungeheuer belastete Lebensgeschichte, die Sie, Frau N., mir erzählt haben. Ich spürte den Verletzungen nach, die die Ereignisse in seinem Leben hinterlassen haben: Wunden, die nie richtig heilen konnten, die immer wieder aufbrachen, deren Schmerz mit der Zahl der Ereignisse zunahmen und sehr oft unerträglich erschienen. N. N. versuchte mit ihnen zu leben – auf seine ganz persönliche Art: verschlossen, in sich gekehrt, sie oft betäubend. Wir werden es bei allem Einfühlungsvermögen wohl niemals begreifen, was in ihm vorging und wie sehr er an diesen seelischen Verletzungen litt. Und doch wage ich Hoseas Worte aus seiner Perspektive, aus seiner von ihm so oft als aussichtslos empfundenen Situation heraus zu lesen: »Kommt, wir kehren zum Herrn zurück. Denn er hat Wunden gerissen, er wird uns auch heilen; er hat verwundet, er wird auch verbinden.«
Das klingt sehr trostreich und verspricht Geborgenheit. Genau das hat N. N. gesucht – ein Leben lang. Und es gab genügend Momente, in denen er Geborgenheit und dadurch auch Trost ge-

funden hat, nicht zuletzt in Ihrem gemeinsamen Haus und im Kreis der Familie, vor allem im Kreis seiner Enkel. Aber offensichtlich konnte diese äußere Geborgenheit nicht heilend auf seine inneren Wunden wirken. Zu vieles war für ihn trotzdem nicht in Ordnung, und mit dem wurde er – als ob ihm keine Ruhe und keine Heilung vergönnt sein sollte – immer wieder neu konfrontiert. »Kommt, wir kehren zum Herrn zurück. Denn er hat Wunden gerissen, er wird uns auch heilen; er hat verwundet, er wird auch verbinden.«

Wir wissen nicht, ob N. N. das, wonach er sich sehnte, beim Herrn zu finden hoffte. Aber vorstellbar ist es schon. Vielleicht bekommen unsere Fragen, die uns angesichts seines Todes so ungeheuer quälen, auf dem Hintergrund dieser Worte des Propheten Hosea eine Richtung. Wir würden dann den Herrn als die einzig wirksame Medizin begreifen, von der sich N. N. Heilung versprochen hätte. Was immer er in seiner Verschlossenheit gegrübelt hat – uns könnte es so auf den Herrn verweisen, der die in unseren Lebensgeschichten klaffenden Wunden auch heilt und verbindet. Und das ist wahr geworden in Jesus. Wir erleben Jesus als Heiland der Kranken. In wunderbarer Weise richtet er sie auf und stellt sie hinein in ein neues Leben, das keine Krankheit kennt, kein Leid und keinen Tod. Er ist da vor allem für die, die sich als im Leben zu kurz Gekommene fühlen, die geplagt sind, die ungerecht behandelt, die vom Schicksal verfolgt werden. Endlich erfahren sie, wie wertvoll sie sind. Endlich ereignet sich in ihrem Leben etwas, das ihnen gut tut. Endlich können sie einen Sinn entdecken, der ihr Leben lebenswert macht.

Das Johannes-Evangelium beschreibt Jesus deshalb auch als guten Hirten. »Ich bin der gute Hirt; ich kenne die Meinen, und die Meinen kennen mich ... Meine Schafe hören auf meine Stimme; ich kenne sie, und sie folgen mir. Ich gebe ihnen ewiges Leben. Sie werden niemals zugrunde gehen, und niemand wird sie meiner Hand entreißen.« Auch in diesen Worten kommt uns eine einladende, vertrauenserweckende, hoffnungsvolle Stimmung entgegen. Man möchte ihnen folgen. Hier wird die Ruhe spürbar, die die Unruhigen umherirren läßt. Hier tut sich eine Atmosphäre der Geborgenheit auf. Hier wird Halt erfahrbar und Heimat. Als Fragende, Verzweifelte, Verlassene, von Trauer und Schmerz Gequälte dürfen wir uns vom guten Hirten Jesus ansprechen lassen. Zu ihm dürfen wir Zuflucht nehmen, gerade jetzt, in dieser schweren Zeit, gerade auch in den kommenden Tagen, Wochen und Monaten, in denen wir das, was geschehen ist, verarbeiten müssen.

Vielleicht werden wir so mit N. N. verbunden sein. Denn darauf wollen wir doch wohl vertrauen: daß seine Suche nach Ruhe und Geborgenheit, nach Heilung und Sinn ihr Ziel im guten Hirten Jesus gefunden hat. Und wenn auch wir uns ihm anvertrauen, wenn auch wir unsere Fragen und unser Leid bei ihm aufgehoben wissen, dann macht uns das – wenn auch auf völlig verschiedenen Wegen – eins mit unserem Verstorbenen; dann können wir ihn dem guten Hirten Jesus anvertrauen, so wie dieser sich dem Vater im Himmel anvertraut hat, weil er zutiefst darum wußte, was Hosea, der Prophet, verkündet hat: »Nach zwei Tagen gibt er uns das Leben zurück, am dritten Tag richtet er uns wieder auf, und wir leben vor seinem Angesicht. Er kommt so sicher wie das Morgenrot; er kommt zu uns wie der Regen, wie der Frühjahrsregen, der die Erde tränkt.«

In dieser Gewißheit empfehlen wir N. N. dem Herrn. Er nehme ihn barmherzig bei sich auf und sei ihm gnädig.

GEBET

Heiliger, großer Gott, du bist größer als unser Herz. Wir bringen vor dein Angesicht, was uns in dieser Stunde bedrängt und quält. Wir sehen nicht weiter, aber wir wissen: Du richtest nicht nach dem Augenschein. Hilf uns, daß wir nicht verhärten, sondern unsere Not immer wieder vor dich hinbringen. Hilf N. N. und uns allen aus der Nacht ins Licht. Halte du den Toten und uns bei dir. Bleibe bei uns, wenn wir nicht wissen, was wir beten und denken sollen. Erleuchte unser Dunkel durch den Tröster, den Heiligen Geist, durch Christus, unsern Herrn.*

GESTALTUNGSELEMENT

Im Blick auf das Kreuz gesprochen:

Worte des Lebens
hast Du ausgehaucht

* Katholisches Bistum der Alt-Katholiken in Deutschland, Die Feier der Bestattung, Manuskriptdruck, Bonn 1991, 19.

im Sterben am Kreuz.
Die Stunden durchmessen,
das Sein begrenzt.
            Allein.
            Um in die Grenzenlosigkeit
            hineinzugehen –
            verwundet und nackt,
            zerschunden, zerfetzt.
Alles zum Heil
im Grab betrauert,
mit brennenden Augen –
trocken, gebrochen.
            Dann ist die Stunde besiegt,
            der Weg vollbracht,
            der Geist befreit
            aus der Qual der Wunden.
Leeres Grab gefüllt mit Vertrauen
auf ein Ende des Schmerzes.
Unendlich die Fröhlichkeit,
wenn die geschundenen Knochen
sich erheben ins Licht
jenseits des Steines.

Kein Bild mehr voll Blut und Tränen –
ein Empfinden voll Freude und Lobpreis.
Umarmt von den ausgebreiteten Armen.
Die Nagelwunden bewahrt
für das Streicheln im Vertrauen
»Ich weiß um Deinen Schmerz!«
            Worte des Lebens
            hast du ausgehaucht,
            um uns den Atem der Ewigkeit
            einzuhauchen!

(Karin E. Leiter)

Joachim Pfützner

Lebensmüde

Für einen, der sich das Leben genommen hat

Der Verstorbene hatte zuerst seine Frau und später seine Lebens-gefährtin bis zu ihrem Tod gepflegt.

SCHRIFTTEXTE

1 Kön 19,4–8
Koh 3,1–8

ANSPRACHE

»Wer ist hier, der vor dir besteht?
Der Mensch, sein Tag, sein Werk vergeht:
Nur du allein wirst bleiben.
Nur Gottes Jahr währt für und für,
drum kehre jeden Tag zu dir,
weil wir im Winde treiben.
Der du allein der Ewge heißt
und Anfang, Ziel und Mitte weißt
im Fluge unsrer Zeiten:
bleib du uns gnädig zugewandt
und führe uns an deiner Hand,
damit wir sicher schreiten.«

Mit diesen Versen von Jochen Klepper wollen wir Abschied neh-men von N. N.
»Der Mensch, sein Tag, sein Werk vergeht«, dieser halbe Satz hat hier an diesem Ort einen besonderen Klang, weil wir uns in ei-nem Bauwerk, in einem Raum versammelt haben, der von ihm geplant und gestaltet worden ist. Trotzdem gilt: »Der Mensch, sein Tag, sein Werk vergeht, nur du allein wirst bleiben.«

Drei Lebenswege

Lieber N., drei Lebenswege sind mir in den Sinn gekommen, seit du mir in der Nacht zum Sonntag gesagt hast, daß dein Vater tot ist. Drei Lebenswege, die für uns und für euch, für dich und für deine Familie und für eure Freunde vielleicht etwas über diese Stunde hinaus wegweisend andeuten oder ahnen lassen.

Elija

Da war ein Einzelgänger namens Elija. Er lehnte sich gegen die große Schar der Baalspriester auf. Er hatte sich vor allem Kritik erlaubt an dem König, der eine heidnische Frau geheiratet hatte. Die hatte ins Haus und ins Land heidnische Götter, Baal und Astarte, gebracht. Sie trachtete dem Elija nach dem Leben, so heißt es. Elija flieht. Er geht in die Wüste. Er will nichts anderes mehr als sterben.

So lesen wir im dritten Königsbuch: »Da ging er eine Tagereise ...« (1 Kön 19,4–8). Er hatte genug. Er wollte sterben. Nur eines stimmt zwischen jenem Lebensweg und diesem hier nicht zusammen: Das mit dem Engel und mit dem Wasser und mit dem Brot. Vielleicht – so schätze ich es ein – hätte N. N. dieses Brot und dieses Wasser – sein Leben selbst bestimmend – gar nicht angenommen. Vielleicht wären seine Hände auch zu müde gewesen, um sie nochmals öffnen zu können. Vielleicht waren die vom Schaffen und Empfangen verwöhnten Hände – diese Hände, die gewohnt waren, zu gestalten, aufzurichten, Erfolg zu haben –, vielleicht waren diese Hände eben doch zu müde, um dieses Wasser und dieses Brot in die Hand zu nehmen, um den weiteren Weg durch die Wüste mutig weitergehen zu können. Soll's sein, so sei's. Es ist nicht unsere Sache, darüber zu richten.

Kohelet

In unserem vorbereitenden Abendgespräch haben wir miteinander einen weiteren Text ausgesucht, aus einem der weniger bekannten Bücher des Alten Testamentes, einem Buch, das Ihnen, wenn Sie den Text hören, vielleicht gar nicht so fremd vorkommt. Es ist das Buch des Predigers, er wird auch Kohelet genannt. Martin Buber nennt ihn den großen Versammler, den Versammlungsleiter. Experten sagen, dies sei nichts anderes als ein Deckname für einen Mann, der es sich nicht leisten wollte, öffentlich so zu reden. So sagt also dieser »Versammler« im dritten Kapitel des Buches Kohelet – nach der Übersetzung des Martin Buber – skeptisch, melancholisch, vielleicht einen Nebeneingang öffnend, wo der Haupteingang verschlossen bleibt zu jenem Raum, wo der sinngebende rätselhafte Gott zu suchen und wohl auch zu finden ist:

»Für alles ist eine Zeit
eine Frist für alles Anliegen unter dem Himmel:
eine Frist fürs Geborenwerden und eine Frist fürs Sterben,
eine Frist fürs Pflanzen und eine Frist fürs Entwurzeln des
Gepflanzten
eine Frist fürs Erschlagen und eine Frist fürs Heilen,
eine Frist fürs Niederbrechen und eine Frist fürs Erbauen,
eine Frist fürs Weinen und eine Frist fürs Lachen,
eine Frist fürs Klagen und eine Frist fürs Tanzen,
eine Frist fürs Steinewerfen und eine Frist fürs Steinestapeln,
eine Frist fürs Umschlingen und eine Frist, von Umschlingung
sich fernzuhalten,
eine Frist fürs Suchen und eine Frist fürs Verlorengehen,
eine Frist fürs Bewahren und eine Frist fürs Verschleudern,
eine Frist fürs Aufreißen und eine Frist fürs Vernähen,
eine Frist fürs Schweigen und eine Frist fürs Reden.«

»Eine Frist fürs Bewahren«: als er seine Frau, eure Mutter und
Großmutter gepflegt hat und dann zuletzt die Lebensgefährtin.
»Eine Frist fürs Aufreißen«: womit die Totenklage gemeint ist,
das Kleid aufreißen. »Eine Frist fürs Vernähen«: damit ist gemeint, daß für uns eines Tages das aufgerissene Kleid wieder ver-
näht werden soll, damit wieder Alltag werden kann und wir die
nächsten Schritte unseres Lebens mit Zuversicht gehen. Denn im
Schatten des »Aufreißens« und des »Trauerns« und des »Kla-
gens« soll keiner von uns auf Dauer leben müssen. Es soll auch
ein Ende der Trauer geben, wo wir ihn, N. N., und alle unsere Toten freilassen.
Auch wenn dieser schöne Text mit einem Fragezeichen endet, dürfen wir doch vermuten, daß über den Sinn unseres
Lebens von einer anderen Instanz letztlich verfügt wird: »Was
ist da der Vorteil dessen, der's tut, bei dem, womit er sich ab-
müht?«

Jochen Klepper

Das also waren für uns Elija und der Prediger Kohelet. Jetzt habe
ich drittens noch bei den Liedern von Jochen Klepper gesucht und
zunächst gedacht, es könnte ein Lied von ihm sein, das Sie eher
kennen. Es findet sich in unseren Gesangbüchern und beginnt:
»Die Nacht ist vorgedrungen, der Tag ist nicht mehr fern.« Aber

zutreffender und für diese Stunde tröstlicher und ehrlicher ist dieses andere Lied von Jochen Klepper aus dem Jahre 1938.

»Der du die Zeit in Händen hast,
Herr, nimm auch dieses Jahres Last
und wandle sie in Segen.
Nun von dir selbst in Jesus Christ
die Mitte fest gewiesen ist,
führ uns dem Ziel entgegen.«

Angemessen scheinen mir diese und die folgenden Strophen, weil Jochen Klepper sich hier auf dem schmalen Grat bewegt zwischen Fatalismus und Leiden, zwischen einfach Hinnehmen und Widerstehen, zwischen Tod und Leben. Und weil er damit für uns den Weg öffnet auf die Straße, die in das Leben einmünden soll, ich hoffe auch für ihn – N. N. – mit all den Fragen, die er mit in seinen Tod genommen hat.

»Da alles, was der Mensch beginnt,
vor seinen Augen noch zerrinnt,
sei du selbst der Vollender.
Die Jahre, die du uns geschenkt,
wenn deine Güte uns nicht lenkt,
veralten wie Gewänder.

Wer ist hier, der vor dir besteht?
Der Mensch, sein Tag, sein Werk vergeht:
nur du allein wirst bleiben.
Nur Gottes Jahr währt für und für,
drum kehre jeden Tag zu dir,
weil wir im Winde treiben.

Der Mensch ahnt nichts von seiner Frist.
Du aber bleibest, der du bist,
in Jahren ohne Ende.
Wir fahren hin durch deinen Zorn,
und doch strömt deiner Gnade Born
in unsere leeren Hände.

Und diese Gaben, Herr, allein,
laß Wert und Maß der Tage sein,
die wir in Schuld verbringen.
Nach ihnen sei die Zeit gezählt;

was wir versäumt, was wir verfehlt,
darf nicht mehr vor dich dringen.

Der du allein der Ewge heißt
und Anfang, Ziel und Mitte weißt
im Fluge unserer Zeiten:
bleib du uns gnädig zugewandt
und führe uns an deiner Hand,
damit wir sicher schreiten.«

So also – zwischen Fatalismus und christlich Leiden, zwischen
einfach Hinnehmen und tapfer Widerstehen, zwischen Tod und
Leben – bewegen sich die tröstlichen Gedanken von Jochen Klepper. Sie sollen für ihn wie für uns mithelfen, daß durch die
Führung und Fügung unseres Gottes unser Leben und seine Fri-
sten in die breite Straße des Lebens einmünden.

GEBET

Herr Jesus Christus, der Lebensweg deines Dieners N. ist hier zu
Ende. Wir können unsere Toten nur begleiten bis zu dem Ort, wo
wir ihren sterblichen Leib bestatten.
So wird uns am Ende ihres Lebens und Wirkens das Ende ihrer
Fürsorge und ihrer Anstrengungen, das Ende ihrer Pläne und Sor-
gen besonders schmerzlich bewußt. Wir empfinden unser Leben
als ausweglos.
Du aber bist »der Weg, die Wahrheit und das Leben« (Joh 14,6).
Deshalb bitten wir dich:
Vollende den Weg deines Dieners N., und begleite ihn sicher
zum Ziel. Uns aber mache frei von dem Gedanken, wir kämen
nicht mehr weiter.
Laß ihn die volle Wahrheit, die du selbst bist, erkennen. Gib ihm
so die Antwort auf die Fragen, die ihn bedrängt haben. Uns aber
bewahre davor, über Sackgassen zu grübeln und in verkehrte
Richtungen zu fragen.
Schenke ihm das neue Leben, das du denen gibst, die ihren Weg
in dieser Welt mit dir gehen wollen. Uns aber halte ab davon, aus
eigener Kraft allein das Leben meistern zu wollen.
Du bist der einzige, der die Kraft zum Leben dauerhaft stärken
kann. Du lebst und waltest mit dem Vater und dem Heiligen
Geist in Ewigkeit. Amen.

GESTALTUNGSELEMENT

In der Annahme, daß die meisten der wenigen Teilnehmer der Begräbnisfeier noch den ursprünglichen Zugang zu Sakramentalien haben, wird folgendes vor der Besprengung mit Wasser durch die Anwesenden deutend gesagt:

Im Kessel haben wir Wasser mitgenommen für die Begräbnisfeier und beschließen diese Abschiedsstunde mit dem Besprengen des Sarges, den wir eben versenkt haben. Wasser reinigt und läutert. Wasser kann auch bedrohlich werden. Die reinigende und läuternde Kraft des Wassers kann an die Taufe des Verstorbenen erinnern. Das Wasser ist ein geweihtes Wasser. Damit bleibt das Element nach wie vorher Element Wasser. Wir vertrauen aber darauf, daß die Wasserweihe an eine ursprüngliche Erfahrung erinnert und diese deutet.

So heißt es in der Liturgie der Wasserweihe: »Der Heilige Geist befruchte das Wasser, das hier bereitet ist, für die Wiedergeburt der Menschen durch die geheimnisvolle Beimischung seiner Gottheit, es empfange heilende Kraft ... es steige herab in diesen vollen Born die Kraft des Heiligen Geistes und befruchte die ganze Masse dieses Wasser, daß es die Wiedergeburt bewirkt.«

Im Wasser der Taufe wurde N. N. bei seiner Taufe wiedergeboren zu neuem Leben. Möge sich diese Wiedergeburt nun vollenden auf ewiges Leben hin.

Anton Bauer

Nicht machbar

Für einen bei einer Operation Verstorbenen

SCHRIFTTEXT

Ps 27,1–5.13–14

ANSPRACHE

Als sich die Tür zum Operationssaal öffnete und der Arzt heraustrat, wußten wir es alle, noch bevor er auch nur ein Wort gesprochen hatte. Man sah es ihm an. Sein Gesicht war wie versteinert. Über zwei Stunden hatten Sie, liebe Frau N., Ihre Tochter und später auch ich gewartet, gehofft und gebangt. Nun war in einem einzigen Augenblick alles aus. Mit einem Schlag waren alle Hoffnungen wie Seifenblasen geplatzt. Schonungsvoll versuchte der Arzt auszusprechen und zu erklären, was geschehen war. Immer wieder betonte er: »Es war nicht machbar.« Mich hat dieses Wort gestört. Denn da, wo es um Leben und Tod geht, hat das Machen von vorneherein eine begrenzte Bedeutung. Sonst machen wir uns etwas vor, was nicht in unserer Macht steht. Und ich weiß von den Gesprächen der vergangenen Wochen, daß Ihr Mann und Ihr Vater es nie so hätte sehen und sagen können.
Für ihn war zeitlebens klar, wer der Herr über Leben und Tod ist. Auch wenn das für ihn erst in der schweren Zeit seiner Krankheit zu einem Thema wurde, über das er sprechen wollte. Doch hätte er in einer Autobiographie ohne weiteres schreiben können, wie wir eben im Psalm gehört haben: »Der Herr ist die Kraft meines Lebens.« In einem bodenständigen Elternhaus aufgewachsen, war ihm schon in jungen Jahren ein tiefes Gottvertrauen und ein gesundes Selbstvertrauen eigen. Gute Voraussetzungen für seine berufliche Laufbahn, für sein privates und familiäres Glück wie auch für all das Engagement, das er in Vereinen, im politischen und sozialen Bereich zeigte. Ja, N. N. hatte viel Erfolg, sein Tun war überaus fruchtbar. Er hatte keine Angst, die Dinge anzupacken. Vor wem oder was sollte er sich auch fürchten? Tief in seinem Herzen wußte er: »Der Herr ist mein Licht und mein Heil.« Aus diesem Vertrauen, aus diesem Glau-

ben schöpfte er unendlich viel Kraft. Wer ihm begegnete, mit seiner Erfahrung, seiner freien und humorvollen Art, fühlte sich bereichert. Wegen seiner geradlinigen und unverwechselbaren Persönlichkeit wurde er von vielen geschätzt und von manchen beneidet.

Ihn mitten aus diesem vollen Leben und mitten aus Ihrem Leben hergeben und loslassen müssen, fällt sehr schwer – Ihnen, seiner Frau und seiner Familie, und auch Ihnen, seinen Mitarbeiterinnen und Mitarbeitern. Vor einem Vierteljahr noch hatten Sie, liebe Frau N., einen wunderbaren Urlaub mit Ihrem Mann verbracht, der Ihnen beiden so gut getan hat. Und noch vor ein paar Wochen haben Sie miteinander seinen 61. Geburtstag gefeiert. Er wird Ihnen allen sehr fehlen. Und wie sehr die drei Enkelkinder ihren Opa vermissen werden, das kann man sich denken. Immer wieder hat er von ihnen mit leuchtenden Augen und mit ein wenig Stolz erzählt. Und nun ist auf einmal alles ganz anders. Unwiderruflich. Dieses erzwungene Abschiednehmen schmerzt tief und wühlt auf. Warum mußte die Operation scheitern? Warum hat sich die Waage nicht auf die andere, auf die gute Seite hin geneigt? Können wir diesen Abschied verstehen und annehmen? Wo ist da Sinn? Und wie geht es weiter?

Fragen über Fragen. Wir sollten zwar akzeptieren, daß wir sie nicht so leicht und nicht so schnell beantworten können. Andererseits sollten wir sie aber auch zulassen und aushalten. So bringen sie uns weiter. Mir geht es jedenfalls so, daß ich, wenn ich auf die letzten Lebenswochen unseres Verstorbenen zurückblicke, deutlich spüre, wie sehr mich Herr N. durch die Art, wie er sein Leben gesehen und erlitten und seinen eigenen Tod vorausahnend angenommen hat, beschenkt hat. Vielleicht geht es Ihnen ähnlich, wenn ich Ihnen erzähle, welchen Weg Herr N. in dieser letzten Lebensphase zurückgelegt hat. Es ist ein Weg aus der Dunkelheit zum Licht, von der Auflehnung zum Vertrauen. Ein Weg der Hoffnung und Liebe im Lichte wachsenden Glaubens.

Als ich ihn vor etwa vier Wochen am Krankenbett kennenlernte, war er fest entschlossen, seine schlimme Krankheit, die stechenden Schmerzen und die schlechten Aussichten zu bekämpfen und zu besiegen. So wie es unser Psalm sagt: »Meine Bedränger und Feinde, sie müssen straucheln und fallen.« Als die Krankheit so aggressiv fortschritt, hatte er die Kraft und den Mut, sie ohne

Bitterkeit, ohne eine Spur von Resignation anzunehmen. Er war Realist. Doch gleichzeitig lebte in ihm eine Hoffnung, die ihn schützte und Gelassenheit schenkte. »Mag Krieg gegen mich toben: Ich bleibe dennoch voll Zuversicht.«

Tief bewegend für mich und für ihn entscheidend war dann die Phase, als die Operation als letzter Rettungsversuch ins Gespräch gebracht und die Frage der Machbarkeit, das Für und Wider, diskutiert wurde. In diesen letzten Tagen suchte er, wonach er im Grunde sein Leben lang voll Sehnsucht gesucht hatte, ohne daß es ihm ganz bewußt war – nach dem alles Vergängliche Überdauernden. »Nur eines erbitte ich vom Herrn, danach verlangt mich: Im Haus des Herrn zu wohnen alle Tage meines Lebens.« Und er suchte das Gespräch, die Begegnung mit Jesus. Dessen Geschick meditierend – den Leidensweg, die Ohnmacht am Kreuz und die zu neuem Leben erweckende Tat Gottes – wurde ihm auf einmal bewußt, daß es über die Ebene des »machbar« und »nicht machbar« hinaus eine Wirklichkeit gibt, die auch vom irdischen Tod nicht zerstört werden kann.

Diese Entdeckung war die Offenbarung seines Lebens. Nun konnte er loslassen und alles in die Hand Gottes legen. Und in großer Gelassenheit konnte er ja sagen zu einer Operation mit hohem Risiko. »Denn er birgt mich in seinem Haus am Tage des Unheils.« Mit diesem Unheil, mit dem Scheitern der Operation, mußte er und mußten wir alle rechnen. Er ahnte wohl, wie es kommen würde, ohne etwas darüber zu sagen. Denn in der Perspektive seiner Hoffnung war auch Platz für die menschlich-irdische Hoffnung derer, die noch an eine Wende glaubten. Er aber konnte dem Unheil ins Auge blicken, weil er im Tod nicht die Vernichtung, sondern die Erfüllung seiner Sehnsucht erkennen konnte. »Ich aber bin gewiß, zu schauen die Güte des Herrn im Land der Lebenden.« Ein so angenommener und zu eigen gemachter Tod ist wirklich groß, wie Rainer Maria Rilke in seinem »Schlußstück« genannten Gedicht sagt. Er ist die Frucht eines gereiften Lebens, Übergang zum unvergänglichen ewigen Leben in der unverhüllten Gegenwart Gottes.

So hat uns der Verstorbene etwas geschenkt, das diese schwere Stunde des Abschieds überdauern wird. Es ist das Vermächtnis eines zutiefst glaubenden und jetzt in voller Gemeinschaft mit Gott verbundenen Menschen. Es gilt Ihnen, liebe Frau N., der ganzen Familie und jedem und jeder von uns: »Hoffe auf den

Herrn, und sei stark! Hab festen Mut, und hoffe auf den Herrn!«
Welch ein Trost und welch ein Segen!

GEBET

Barmherziger Gott, du bist allen nahe, die zu dir rufen. Laß uns
in dieser schweren Stunde des Abschieds erfahren, daß du alles
hast und bist, dessen wir bedürfen.
Wir bitten dich für unseren Bruder, den du mitten im Leben zu
dir gerufen hast. Nimm ihn auf in deine Herrlichkeit. Wir danken dir für alle Liebe und Treue, die er uns und anderen geschenkt hat.
Wir empfangen das Leben von dir, wie auch die Toten aus dir leben. So bleiben wir miteinander verbunden. Herr, unser Trost
heißt Leben. Mach uns im Glauben stark und in der Hoffnung fest.
Laß unsere Trauer die Wegbegleiterin für die große Liebe werden,
die alle Glaubenden in dir vereint. Herr, du unser Licht und unser Heil. Amen.

GESTALTUNGSELEMENT

*In der Begrüßung soll ein für die Angehörigen wichtiges Gedicht
aufgegriffen werden.*

Laßt uns diese Trauerfeier beginnen im Namen des dreieinigen
Gottes, des Vaters und des Sohnes und des Heiligen Geistes.
Amen.
Wir nehmen Abschied von N. N. Wer immer diesen aufrechten
Menschen kannte, wird es schweren Herzens tun. Denn die Be-
gegnung mit ihm war immer bereichernd.
Ganz im Sinne des Verstorbenen haben Sie, liebe Angehörigen,
ein kleines Gedicht von Rainer Maria Rilke in die Traueranzeige
gesetzt. Es lautet:

Der Tod ist groß.
Wir sind die Seinen
lachenden Munds.
Wenn wir uns mitten im Leben meinen,
wagt er zu weinen
mitten in uns.

Ein bewegendes Wort, treffend zugleich. Kaum ein anderes hätte besser gepaßt. N. N. war ein lebensfroher, optimistischer Mensch. Mit seinen gerade 61 Jahren ist er mitten aus einem überaus aktiven Leben, aus Familie und Beruf, aus vielfältigem Engagement, gerissen worden.

Und mitten in uns ist Schmerz und Trauer und die große Frage nach dem Warum, nach Sinn und Ziel dieses harten und unwiderruflichen Geschehens.

Blicken wir auf den, der durch sein Leiden, Sterben und Auferstehen Licht und Heil für uns geworden ist – auf Jesus Christus, unseren Herrn.

Wolfgang Kramer

Erloschen

Für einen alten Menschen

SCHRIFTTEXT

Offb 21,23; 22,4–5

ANSPRACHE

Nach schwerer Krankheit hat das Herz Ihrer Mutter, Schwiegermutter und Oma, Ihrer Schwester, Schwägerin und Verwandten, Ihrer ehemaligen Kollegin und unseres Gemeindemitglieds Frau N. N. aufgehört zu schlagen. »Dein gutes Herz hat aufgehört zu schlagen« – so haben Sie in der Traueranzeige geschrieben. Ihr Lebenslicht ist erloschen. Dafür steht symbolisch diese Kerze hier vor uns – ohne Flamme.

Frau N. N. hat sich verständlicherweise gewehrt gegen das unbekannte Dunkel des Todes, das – wenn wir ehrlich sind – doch die meisten von uns fürchten. Sie hat, so wurde mir gesagt, am Leben gehangen, war kontaktfreudig und konnte lebenslustig sein.

In ihren letzten Stunden – und dazu kam mir der Vergleich mit der Kerze, die auch kurz vor dem Verlöschen noch einmal richtig aufflackert – hat sie versucht, ihren Angehörigen noch etwas zu sagen, doch der Körper war zu sehr geschwächt. Sie hat jedoch noch alles verstanden und sehr wohl gespürt, daß ihre Lieben bei ihr sind und mit ihr ausharren. – Ein großes Geschenk, das Sie ihr gemacht haben!

»O Jesus«, waren die einzig verständlichen Worte, und so schlief sie denn in Frieden ein. Wieder im Bild gesprochen: wie eine Kerze, die sich nach letzten züngelnden Flammen still ergibt. Der Docht verglüht oder versinkt, Ruhe kehrt ein, die Schatten weichen.

Mir ist das Bild vom Lebenslicht aber auch gekommen, als ich ein wenig von ihrer Lebensgeschichte erfahren habe: Sie war eine Frau, die immer zuerst an die anderen dachte, sich selber zurückstellte, sehr fürsorglich und besorgt um ihre Familie war, besonders um ihren Sohn und die beiden Enkelkinder.

Auch dazu schien mir das Bild einer Kerze zu passen, die anderen das Leben hell machen will und nicht so sehr auf sich selbst schaut; die nicht darauf achtet, daß sie sich verzehrt, weil das einfach zu ihrem Wesen gehört und sie gar nicht anders kann, als zu brennen. So wie diese Kerze hier dazu da ist, um zu leuchten.

Gehen wir den Weg der Erinnerung noch weiter zurück (in ihre Heimat) an den Anfang ihres Lebens. Ich zünde dazu diese Kerze jetzt an. Denn mein Glaube ist, daß bei der Entstehung eines jeden Menschen göttliches Licht, ein göttlicher Funke in das neue Geschöpf kommt, der gleichsam sagt *(bei den folgenden Worten die Kerze anzünden)*:

»Du bist gewollt seit Anbeginn!

Du bist Licht von meinem Licht.

Ich sage ›ja‹ zu dir, ganz egal, wohin dein Weg dich führen mag.«
(Kerze vor den Sarg stellen)

Es gab Menschen, die das verglimmende Licht geschützt und bewacht haben, so wie man eine Kerze vor dem Windhauch bewahrt, so gut es geht.

Jetzt hat Gott sie zu sich gerufen in sein Licht. Und wir hoffen und glauben, daß sie dort wieder vereint ist mit denen, die ihr lieb waren.

In der Lesung vorher haben wir die Worte gehört: »Dort wird es keine Nacht mehr geben, und sie brauchen weder das Licht einer Lampe noch das Licht der Sonne. Denn die Herrlichkeit Gottes erleuchtet sie.« Das heißt: Ihr Lebenslicht ist nur scheinbar erloschen. Sie braucht jetzt nicht mehr selber zu leuchten, Lampe zu sein. Jetzt darf sie sich ausruhen von ihren Mühen und sich bescheinen lassen! Denn sie wohnt in einem Licht, das nie erlischt. Gott selber ist ihr Licht, ihre Wärme, ihre Sonne. Für immer.

Ich glaube, das können wir ihr und allen unseren Verstorbenen von Herzen gönnen.

GEBET

Jesus Christus, Sohn Gottes, als Mensch geboren aus deiner Mutter Maria, erbarme dich deiner Dienerin N. N., die du aus der Mitte ihrer Familie zu dir in dein ewiges Licht gerufen hast. Vergilt ihr alle Liebe, die sie geschenkt hat, und laß sie ihren Angehörigen nahebleiben. Nimm alle, die sie zurückgelassen hat, in deinen Schutz. Der du lebst und uns liebst in Ewigkeit. Amen.*

GESTALTUNGSELEMENT

Wie in der Ansprache bereits deutlich wurde, habe ich das Symbol des Lichtes in Form einer Kerze gewählt. Vor allem in dunklen Trauerhallen oder an trüben Tagen kommt es besonders zur Geltung. Es ist leicht verständlich und aus dem Alltag gegriffen. Ungewohnt ist es vielleicht, die Spannung auszuhalten, daß die Kerze zunächst eine ganze Weile nicht brennt.
Mir war der folgende Spannungsbogen wichtig:

Geburt	Sterben	Auferstehen
LEBEN	TOD	NEUES LEBEN
Flamme/Lampe	erloschen	Lampe/in alle Ewigkeit
Tag/Sonne	Nacht/Finsternis	weder Sonne noch Mond
		»Denn die
LICHT	DUNKEL	HERRLICHKEIT GOTTES
		erleuchtet sie«
		(Offb 21f)

Wir stehen hier, blicken zurück (»Licht der Welt erblickt« usw.) und schauen aus nach nie verlöschendem Licht.
Wir gehen von Licht zu Licht. Das Dunkel hält uns nicht für immer.

Elisabeth Hummel

* Aus: Die kirchliche Begräbnisfeier in den katholischen Bistümern des deutschen Sprachgebietes, Freiburg i. Br. 1994.

Lebenssatt

Für einen alten Menschen

2 Tim 4,6–8

ANSPRACHE

Zwar war unsere Verstorbene gezeichnet von der Last des Alters, von den schwindenden Kräften. Doch sie lebte guten Mutes und frohen Herzens ungebeugt, wie man sie ihr Leben lang kannte. Jetzt stehen wir vor ihrer Totenbahre, erschüttert darüber, wie schnell wieder einmal ein menschliches Leben zu Ende ist und wie sehr der Tod zur großen Frage für uns alle wird. Doch wir stehen hier auch voll Dankbarkeit gegenüber einem Menschen, dessen Leben erfüllt war von Güte, von Liebe und Freundlichkeit. Wir stehen an der Totenbahre einer Frau, die der Mittelpunkt der Familie war und die uns fehlen wird einfach so, wie sie war. Wie sie gelebt hat, wie sie für uns gelebt hat und unter uns geweilt hat, so soll ihr Andenken in Ehren gehalten werden.

Wenn wir zurückblicken auf dieses Lebensende, dann ist ein Wunsch der Verstorbenen in Erfüllung gegangen: Nur ja niemandem mehr als nötig zur Last fallen. Irgendwo hat sich der Bogen des Lebens geschlossen zum runden vollkommenen Kreis. Und wenn ich dieses Leben geistig an mir vorüberziehen lasse und mich an einige Stunden der Begegnung mit der Verstorbenen im höheren Alter erinnere, kommt mir in den Sinn, was im zweiten Timotheusbrief durch den Mund des Apostels rückblickend auf das Leben gesagt wird.

»Ich werde nunmehr geopfert und die Zeit meines Aufbruchs ist nahe. Ich habe den guten Kampf gekämpft, den Lauf vollendet, die Treue gehalten. Schon jetzt liegt für mich der Kranz der Gerechtigkeit bereit, den mir der Herr, der gerechte Richter an jenem Tag geben wird, aber nicht nur mir, sondern allen, die sehnsüchtig auf sein Erscheinen warten« (2 Tim 4, 6–8).

Ja, das ist es, was uns aus diesem Lebensende anspricht: Man hat es trotz allem gespürt – mit 86 Lebensjahren, gezeichneten und gesegneten Jahren, ist die Zeit des Aufbruchs nahe. Ihr Leben lang hat diese Frau gekämpft, den guten Kampf. Es ging ihr immer um den geraden Weg. So hat sie es Ihnen, den Kindern, vermittelt. So hat sie es selber vorgelebt: ehrlich und gerade. Die Treue hat sie gehalten – die Treue zu ihrem Lebensentwurf, die Treue zu ihrem Eheversprechen. Mehr als sechzig Lebensjahre sind daraus geworden, so daß man ihr den diamantenen Kranz widmen konnte. Schon das wäre wirklich der »Kranz der Gerechtigkeit«, von dem der Apostel spricht. So dürfen wir sie nun am Ziel ihres Lebens glauben, drüben am anderen Ufer, dort, wo die wahre Heimat ist, nach der sie sich, seit sie die erste Heimat hergeben mußte, immer gesehnt hat.

An uns ist es nun, sie den treuen Händen Gottes zu übergeben, dankbar zurückzugeben, weil sie Gottes Gabe an Sie alle war als Gattin und Mutter, als Mitgefährtin und Mitglaubende in der Gemeinde. Ja, der Herr, der gerechte Richter, er wird ihr großer Lohn sein. In seinem Frieden ruhe sie aus von ihren Mühen.

GEBET

Herr und Gott unseres Lebens!
Dein sind unsere Tage und Stunden.
Du hast nach einem erfüllten Leben N. N. zu dir gerufen.
Dir sei Dank für diesen guten Menschen, Dank für viel Liebe und Treue, die uns vorgelebt und geschenkt wurden.
Nichts von diesem Menschenleben laß bei dir verloren sein – du, der den Kranz der Gerechtigkeit verleiht, vollende N. N. in deiner Herrlichkeit.
Uns aber gib Kraft, die Verstorbene dir anzuvertrauen in Dankbarkeit für alles, was sie uns gewesen ist.
Herr, gib du ihr die ewige Ruhe, und laß dein ewiges Licht ihr leuchten, nimm sie auf in deinen Frieden. Amen.

GESTALTUNGSELEMENT

Auf dem Sarg könnte ein Blumengebinde oder ein Hochzeitskranz von der Goldenen bzw. Diamantenen Hochzeit liegen. Dazu kann Gotteslob 304,2–3 gesungen oder rezitiert werden:

Mit dir, du starker Heiland du,
muß uns der Sieg gelingen.
Wohl gilt's zu streiten immerzu,
bis einst wir dir lobsingen.
Nur Mut, die Stund ist nimmer weit,
da wir nach allem Kampf und Streit
die Lebenskron erringen.

Herr, du bist Gott. In deine Hand
o laß getrost uns fallen.
Wie du uns Hilfe zugesandt,
so hilfst du fort noch allen,
die dir vertraun und deinem Bund
und freudig dir von Herzensgrund
ihr Loblied lassen schallen.

Hans Nagel

Geglückt

Für einen Menschen, der dankbar auf ein
geglücktes Leben schauen konnte

*Die Verstorbene war praktizierende Ärztin und Therapeutin. Nach
langer Leidenszeit starb sie mit 63 Jahren an Krebs.*

SCHRIFTTEXT

Ps 130

ANSPRACHE

Ich warte voll Vertrauen auf sein Wort

Schneller als gedacht, ist Ihre liebe Frau von Ihnen, Herr N. N.,
und von uns, verehrte Trauernde, gegangen. Miteinander nah-
men wir teil an diesem abnehmenden Leben. Oder richtiger: Sie
ließ alle teilhaben an ihrem allmählichen Abschied: den Gatten,
die Verwandten, Freunde und Patienten. Was nicht selbstverständlich ist: Frau N. N. konnte über ihre Krankheit sprechen in
der ihr eigenen Nüchternheit – ein Gottesgeschenk! Denn ich
kenne auch andere Menschen, die zum körperlichen Leiden
auch noch mit dem Dunkel der Depression zu kämpfen hatten.
Klagen war nicht ihre Sache. Mitleid wollte sie auch nicht. Nein,
wir saßen mit ihr im geliebten Wintergarten, sprachen über die
exotische Fauna, über Gott und die Welt, bei guter Küche und
Wein. Zuletzt freute sie sich, daß es den Gästen schmeckte. Aber
man sprach auch von ihrem Leben und Ableben, vom Tod.
Paßt der Psalm, den ich jetzt lese, auf die Verstorbene?
Das »De profundis« war Frau N. N. nicht fremd. Sie liebte diesen Gebetsruf eines Frommen zu unserem Gott, obwohl sie, wie
sie selbst sagte, die Depression nicht kannte. Aber sie war konfrontiert mit Menschen in psychischer und seelischer »Schräg-
lage«. Die verschiedensten Klagen stürzten auf sie ein. Ob da
nicht manche den Schreien des Psalmisten ähnlich waren? Es gibt
Berufe, die gleichsam »Gott spielen« müssen. Ärzte und Seelsorger gehören sicher dazu. Oft werden sie von ihrem »Klientel«
überfordert, zu »Göttern in weiß« gemacht. Wir haben in den

seltensten Fällen den passenden Deckel für den Topf. Wahre Medizin weiß – trotz erstaunlichem Können – um die Kluft zwischen Diagnose und Therapie. Therapeutische Beratung, klärendes Gespräch, sollen den Suchenden und Klagenden nicht die Entscheidung abnehmen, sondern zu Entscheidung und Eigenverantwortung ermutigen. Wer rät und berät, ist kein »Allerweltsweiser«. Deshalb ist Zuhörenkönnen manchmal mehr als große Worte.

Als Therapeuten und Seelsorger, als Berater und Eltern können wir aber noch ein weiteres tun: die Klagen der sich uns Anvertrauenden an Gott weitergeben. Viele Leidende fühlen sich dazu außerstande. Sie erwarten von der Adresse »Gott« nichts mehr. In dem Psalm hat der Betende noch die Kraft, sich in seiner Not an Gott zu wenden. Deshalb rät er seinen Glaubensgenossen, es auch so zu halten: »Israel soll harren auf den Herrn« – mehr als der Nachtwächter, der den neuen Tag ankündigt.

Zum Leben von Frau N. N. gehörte der Gottesbezug. Die religiöse Dimension durfte nicht fehlen. Ihr Elternhaus und die kirchliche Jugendarbeit haben die Weichen in die Richtung entschiedenen Christseins gestellt. Deshalb der Wunsch, als Missionsärztin in einer Ordensgemeinschaft wirken zu dürfen. Die Ordensleitung entsprach diesem Ansinnen nicht. Frau N. N. zog die Konsequenz: Auf einer anderen Ebene des Christseins will ich als Ärztin wirken. Ob beim Ringen um die rechte Entscheidung alles so glatt gegangen ist? Sicher ist da Gott nicht nur einmal zu Rat gezogen worden: »Wende dein Ohr mir zu; ich warte voll Vertrauen auf sein Wort«, sagt der Betende im Psalm.

Während ihres Sterbens hat Frau N. N. nicht mehr die Psalmen gebetet. Sie hat sich eine andere Art des Betens zu eigen gemacht – den Rosenkranz. Ich wunderte mich. Konnte es aber auch verstehen, denn im Leiden und Sterben wird unsere Gebetssprache einfach. Anspruchsvolle Glaubensaussagen schieben wir beiseite. Das Beten will auch nicht mehr recht gelingen. An der Rosenkranzschnur kann man sich halten. Besser: das einfache Gesätz hält den Betenden. Ich erfahre, was Gott in Christus für mich getan hat und tut: »Jesus, der für uns Blut geschwitzt hat«, oder »Jesus, der von den Toten auferstanden ist«, ist die Antwort Gottes auf unser Leiden und Sterben.

Heute geben wir ein Leben zurück, das auf seine Weise auch eine Antwort gegenüber Gott war. Ein Echo auf die Melodie, eine Variation zum Thema Leben aus dem Glauben. Ein geglücktes Leben – wenn es auch mit 63 Jahren sein zeitliches Ende genommen hat. Wir haben Frau N. N. zu danken.

GEBET

Großer Gott,
mitten im Leben sind wir vom Tod umfangen.
Heute geben wir dir das Leben von Frau N. N. zurück.
Wir danken dir für alles, was du an der Heimgegangenen getan hast. Sie hat das Leben mit uns geteilt. Manchen von uns hat sie zum Leben ermutigt und ihm wieder Sinn und Inhalt gegeben.
Mitten im Tod sind wir auch vom Leben umfangen.
Das verdanken wir dir. Mache dieses Versprechen an der Verstorbenen wahr.
Lichte auch das Dunkel in den Herzen derer, die jetzt trauern und klagen.
Du bist der treue Gott, der im Leben und Sterben uns Menschen begleitet durch deinen Sohn unseren Herrn Jesus Christus, der mit dir lebt im Heiligen Geist jetzt und in Ewigkeit. Amen.

GESTALTUNGSELEMENT: NACHFEIER IN DER KIRCHE

In dieser kleinen Nachfeier wollen wir im Licht der Osterkerze das Leben von Frau N. N. nochmals bedenken. Das Leben und Wirken eines Menschen erscheint in einem anderen Licht. Der jeweilige Standpunkt ergibt das Bild. Der Psalm 126 soll uns Perspektive sein.
Dieser Psalm ist ein Wallfahrtslied, ein Lied für unterwegs. Das Volk Israel (unsere Vorfahren im Glauben) hat seine Geschichte mit Gott so verstanden. Der heutige Tag erinnert uns auch an eine bleibende Erfahrung: Wir sind nur Gast auf Erden. Wir haben hier keine feste Bleibe.
Wege führen einem Ziel entgegen. Unterwegs machen wir uns Gedanken über dieses Ziel. Wir machen uns Bilder von dem zu Erwartenden. Visionen beflügeln uns. Träume halten uns in Spannung, bereichern unser Leben, halten uns wach, beleben unsere Phantasie.
Während des babylonischen Exils hatte das Volk Israel die Hoffnung auf eine Heimkehr nach Jerusalem (Zion) aufgegeben. Nie-

mand konnte mehr Befreiungslieder singen. Aber dann das Überraschende, was niemand mehr zu träumen wagte, Bilder, die niemand mehr hochkommen ließ: »Unsere Seele ist wie ein Vogel dem Netz des Jägers entkommen; das Netz (der Deportation) ist zerrissen und wir sind frei.«

Es hat lange gebraucht, bis sich die Glaubenden und Frommen mit einer Antwort Gottes auf den Tod befreunden konnten. In der Auferweckung Jesu vom Tod hat Gott die endgültige Antwort gegeben. Das Osterlicht erinnert an dieses Geschehen. Es weist auf die Tat Gottes: Frau N. N. ist bei Gott. Die Schatten und Bilder, die unser irdisches Leben kennzeichnen, liegen hinter ihr. Was uns wie ein unglaublicher Traum erscheint, ist für sie beglückende Wirklichkeit.

An diesen Impuls haben sich ein Lied, Fürbitten und der Segen angeschlossen.

Heribert Feifel

Erlöst – weil gerufen vom Guten Hirten

Für einen Menschen, der einen langen Weg zum Sterben hatte

Joh 10,2–4.11.14–15

ANSPRACHE

Diesen Text aus der sogenannten Hirtenrede Jesu habe ich ausgewählt, weil ich ihn vor wenigen Wochen am Tag vor der letzten großen Operation bei der Krankenkommunion unserer Verstorbenen vorgelesen habe und wir dann darüber gesprochen haben. Jesus der gute Hirte: Für sie war Jesus in der schweren Stunde der Operation der gute Hirte, ihm hat sie vertraut.

Menschlich gesehen könnten wir sagen: Ihr Vertrauen wurde enttäuscht, weil die neuerliche Operation auf ihrem jahrelangen Leidensweg kein Schritt zur Besserung, gar zur Heilung war. Als ich zwei Tage vor ihrem Tod, wieder bei der Krankenkommunion, den alttestamentlichen Hirtenpsalm (Ps 23) las, konnte sie wieder und von ganzem Herzen dieser Botschaft vom guten Hirten zustimmen. Und so ist sie gestorben im Vertrauen auf den guten Hirten Jesus Christus.

Wir aber dürfen davon überzeugt sein, daß sie nun in Fülle erfährt, was Jesus in dieser Hirtenrede angesprochen hat:

Der gute Hirte *kennt die Seinen,* ja er kennt sie *einzeln beim Namen.* Den Namen kennen, das bedeutet im biblischen Denken größte persönliche Nähe, innigste Gemeinschaft. »Johanna« ist ihr Rufname, das heißt auf deutsch »Gott ist gnädig«. In Jesus Christus ist dieser gnädige Gott leibhaftig unser Bruder geworden, unser guter Hirte.

Und er *ruft die, die zu ihm gehören.* Er hat sie zu sich gerufen: sie, die gerade durch ihren persönlichen Glaubensweg in den letzten Monaten, ganz zu ihm gehört.

Zu ihm, der den Seinen *vorausgeht.* Wohin voraus? In den Tod, in die Bitterkeit und Einsamkeit des Sterbens am Kreuz, wo er das vollendet hat, was er im Hirtengleichnis angedeutet hat: Der gute Hirte gibt sein Leben hin für die Schafe.

Aber dieses »für« endet nicht mit dem Tod. Im Gegenteil: Nun bewährt es sich und gewinnt seine eigentliche Kraft: Der Gekreuzigte lebt, Gott hat ihn auferweckt aus der Nacht des Todes. Und damit – das gehört zum Grundbekenntnis unseres christlichen Glaubens – hat Gott unsere eigene Auferweckung von den Toten unwiderruflich zugesagt und begonnen. Der für uns, seine Brüder und Schwestern, gestorben ist, hat uns damit schon anfanghaft hineingenommen in sein Leben bei Gott.

So dürfen wir in dieser Stunde des Abschieds, durch alle Trauer und allen Schmerz hindurch, unsere Hoffnung bekennen: Unsere liebe Verstorbene ist angekommen bei ihrem guten Hirten, der sie beim Namen kennt, zu dem sie gehört. Und sie wartet mit ihm auf ihre Lieben, die noch hier auf Erden unterwegs sind.

GEBET

Guter Gott! Dein Sohn Jesus Christus, der gute Hirte, hat unsere Schwester (Johanna) beim Namen gerufen und sie durch die schmerzvollen Tage des Sterbens geführt. Schenke ihr nun Anteil an deiner Herrlichkeit mit ihm, der sein Leben für uns hingegeben hat und den du von den Toten auferweckt hast.

Uns aber, die wir um sie trauern, erfülle auf unserem Lebensweg mit jenem Geist des Glaubens und der Hoffnung, der sie in den letzten Wochen beseelt und getragen hat. Darum bitten wir dich durch Jesus Christus, unseren Herrn und Bruder, heute und in Ewigkeit. Amen.

GESTALTUNGSELEMENT

Betrachten eines Bildes vom Guten Hirten, z. B. Der Gute Hirt aus der Priscilla-Katakombe (als Meditationsbild erhältlich im Rottenburger Kunstverlag VER SACRUM, Bestell-Nr. 810 D). Dazu gemeinsam Psalm 23 beten.

P. Helmut Schmitt SJ

Unschuldig

Für ein Unfallopfer

N. war 19 Jahre alt, als er tödlich verunglückte auf dem Weg zur Arbeit. Seine alleinerziehende Mutter und ich hörten zugleich die Martinshörner aller Rettungs – und Polizeifahrzeuge, weil wir in der gleichen Straße wohnen. Wenig später wurde ich durch die Polizei gebeten, den Tod ihres Sohnes zu übermitteln. Aus unseren folgenden Begegnungen übertrug sie mir die Aufgabe, N. zu bestatten.

SCHRIFTTEXT

Röm 8,18

ANSPRACHE

Wir alle erleben heute keine einfache Stunde: N. wird mit jungen Jahren nach einem tödlichen Unfall, den er nicht verschuldete, zu Grabe getragen.

Die letzten Tage waren für uns schwer. Vieles hat unser Herz durchdrungen und unseren Schmerz laut werden und auch leise sein lassen: Wir beklagen zurecht den Tod von N. Warum nur? Warum so? Warum jetzt? Warum in einem solch jungen Alter, in dem andere – die eigene Zukunft vor Augen – ihren Weg ganz selbstverständlich gehen.

Es war mir klar, als ich Ihnen, Frau N., die Todesnachricht Ihres so sehr an Ihr Herz gewachsenen Sohn überbrachte, daß das Geschehene unwiderrufbar sein wird, ein Lebensschmerz, den Sie ganz allein auszuhalten haben. Durch dieses grausige Schicksal wurde Ihnen und uns sehr viel genommen: ein Bruder, ein Onkel, ein Enkel, ein guter Freund und Kumpel.

Was würden wir hergeben, um nicht heute hier sein zu müssen? Es geht in das Unermeßliche, was es nun auszuhalten gilt! Die Wand vom Leben zum Tod ist hauchdünn. Eine bittere Wirklichkeit, der wir ausgesetzt sind. Das gilt nicht nur für uns hier, das gilt auch für alle, die beim Unfallgeschehen Beteiligte geworden sind. Wie mag es ihnen allen ergehen, den Verursachern, den Helfern und den Hinzugekommenen? Dieses ganze Wissen, diese ganze bittere Erfahrung läßt unsere Ohnmacht kaum aushalten! Jeder Versuch eines schnellen und billigen Tröstens wäre unglücklich. Wir müssen lernen, mit dieser schrecklichen Verwundung umzugehen. Wir müssen begreifen lernen, die bittere Wahrheit – den Tod von N. – auszuhalten. Bei Gott – keine einfache Geschichte! Es ist unendlich schwer, im Trost und Trösten zurechtzukommen. Wir haben es nicht im Griff.

Alle unsere jetzigen Gedanken und unsere Erinnerungen an diese 19 Jahre Leben von N. bekommen ihren eigenen Stellenwert. Seine fast grenzenlose Begeisterung für das Auto, die ihn zu seinem Ausbildungsberuf als Kfz-Mechaniker führte, seine sportlichen Interessen am Fußball, die Umsetzung seiner tänzerischen Begabungen im Tanzclub, sein offener und selbstverständlicher Umgang mit Freundinnen und Freunden und als guter Kumpel zu gelten, das alles war ihm ungeheuer wichtig und forderte seine Energien. Alles, was ihn so sein ließ, wie wir ihn kannten, sehen wir jetzt anders; wir müssen es anders sehen lernen. Es sind nun Erinnerungen geworden.

Was wäre daraus für ihn geworden und für uns, wäre er noch am Leben? Im Zurückschauen können wir erahnen und entdecken, was ihm an Vielfältigem in seinem jungen Leben gegeben war. Vieles davon machte sein Leben wertvoll. Es ist für uns heute wertvoll, solche Erinnerungen zu haben.

Wie schnell verändert der Tod Sicht- und Empfindungsweisen, die wir Nahestehenden gegenüber haben und auch entgegenbringen? Für den Verstorbenen ist diese Vielfalt von Lebensäußerungen wichtig gewesen: das Leben zu leben – es auszuleben! Wie sehr wünschte ich das uns!

Vielleicht ist mit dem Tod von N. eine mögliche Botschaft an uns enthalten: unser Leben zu leben. Das Leben ist zu wertvoll, als daß es nicht (aus-)gelebt werden sollte! Warum sich von anderen das Leben abnehmen lassen? Warum selbst nicht das Leben so leben wollen, wie es für einen recht ist?

Wenn wir aus dem Leben von N. heute diese Botschaft mitnehmen können, wenn sein Leben uns hilft, unserem eigenen Leben ein Mehr an Sinn zu geben, es wertvoll zu machen im Hier und Heute, dann sind wir auf seiner Spur. Im Lieben und Zeithaben, im Wahrnehmen vieler Interessen lag der Lebensstoff seines Lebens.

Nur so kann ich in dieser Stunde – ein wenig nur – begreifen und ergreifen lernen, damit wir nicht völlig gelähmt bleiben.

Vielleicht erst im Abschiednehmen können wir einen wagenden Blick auf Gott hin ausrichten. Auf ihn, der als der Herr über Lebende und Tote bezeichnet wird. Zu Recht klagen wir ihn an. Wir haben es mit ihm – diesem Gott der Lebenden und Toten – nicht einfach. Wir begreifen das Ganze dieses schmerzvollen Geschehens niemals; vieles bleibt uns letztlich verborgen. Gerade weil so vieles unklar, verborgen und schier untröstlich bleibt, können wir Gott unsere Ohnmacht und Wut, unsere Trauer und unseren Schmerz anvertrauen und übergeben.

Daher wage ich es, ein biblisches Zitat anzufügen, weil es uns in den letzten Tagen eine Hilfe war. Wenn ein Mann wie der Apostel Paulus der christlichen Gemeinde in Rom diesen Satz schreiben kann, dann deshalb, weil er vielfältigste Leiderfahrungen in sich hatte. Vielleicht ein Trost im Blick auf das Leben und den Tod von N.! Wir haben diesen Trost alle dringend nötig!

GEBET

Gott,
wir verstehen vieles nicht.
Unsere Ohnmacht lähmt uns und läßt uns starr sein.
Trauer und Schmerz haben die Oberhand.
Wir können und wollen auch nicht begreifen, was geschehen ist.
Nicht einmal ein lautes Klagen über den frühen Tod von N. ist uns möglich.
Es wäre gut, wir könnten klagen und anklagen.
Aber auch das macht keinen Sinn.
Im stummen Ausharren, im dumpfen Schweigen müssen wir zusehen, wie wir das noch junge Leben zum Grab bringen.
Wieviel ist zerstört, getrennt, abgebrochen und aufgehoben.
Warum nur?

Gott,
laß wenigstens das Fragen – unsere Fragen – zu.
Höre uns an!
Keiner unserer Auswege aus diesem Schmerz über den Tod von N. scheinen einen Sinn zu haben.
Kein Trost mag uns ausreichen; zuviel ist geschehen und passiert.
Wie willst und kannst du uns nahe sein?
Dankbar sind wir jetzt für jedes gute Wort eines anderen.

Wir nehmen jede ernstgemeinte Nähe an.
Das Trösten durch andere wird wichtig.
Die vielen Gespräche mit Jugendlichen, mit Freundinnen und
Freunden von N. sind gut.
In allem wollen wir nicht allein sein.

Gott,
Unbegreifliches ist über uns hereingestürzt.
Warum, wozu: noch haben wir keine Antworten.
Es sind mehr Fragen vorhanden.
Auch du wirst uns zur Frage – zur Anfrage.
Vielleicht irgendwann einmal werden wir es zaghaft begreifen
müssen!? Vielleicht?
Heute und in diesen Tagen und sicher lange danach
ist es der Tod von N., der uns zu dir führt. Amen.

GESTALTUNGSELEMENT

Gebet wider die Trauer, wider den Neid

Meinen Sohn	–	Der Nachbarssohn
gibt es	–	geht am
nicht mehr	–	Fenster vorbei
Mein Sohn	–	Der Nachbarssohn
ist jung	–	pfeift sein
verstummt	–	fröhliches Lied
Mein Sohn	–	Der Nachbarssohn
zerfällt	–	fährt seiner
zu Staub	–	Zukunft entgegen

Gib mir Gott
die Kraft
anzunehmen
Tod und Tat
Leid und Lied
Staub und Stimme

als Bestandteile
unseres Lebens

(Maria Grünwald)   *Joachim Harner*

Verunglückt

Für einen bei einem Arbeitsunfall Verstorbenen

Er hinterläßt eine Frau mit zwei noch nicht schulpflichtigen Kindern.

SCHRIFTTEXT

Joh 11,21–22

ANSPRACHE

Im Sterben ist der Mensch unseren Händen entrissen. Unerwartet und unbarmherzig hart hat Sie, liebe Frau N., mit Ihren Kindern und zusammen mit Ihrer ganzen Familie und der Familie des Verstorbenen dieser Verlust getroffen. Uns scheint, daß barmherzig nur das Sterben von N. N. war, denn das Leben, wäre er davongekommen, wäre entsetzlich schwer geworden. Ihm, der sich in den letzten Jahren immer wieder einmal bedroht fühlte durch eine Krankheit und durch Schmerzen, ihm wurde dieses schreckliche Schicksal zuteil. Was seine dunklen Ahnungen, die gelegentlich Ihnen und den Angehörigen unverständlich waren, denn N. N. war ein gesunder, lebensfroher und kraftvoller Mensch, was seine Ahnungen waren, das können wir heute noch tiefer verstehen: Sie waren Ahnungen über die Zerbrechlichkeit eines menschlichen Lebens, aber sie waren auch Anlaß seiner unendlich zarten Liebe, die er zu seiner Familie hatte. Ihr wollte er alles geben, den Kindern ein liebender und freundlicher Vater sein und der Frau ein standhafter, zärtlicher und treuer Gatte.
N. N. starb, und so meinen wir aufrichtig und offen sagen zu dürfen, ohne persönliche Verschuldung, ohne einen falschen Handgriff getan zu haben, ohne mangelhafte Wartung des Materials, ohne eine Ursache, die durch ihn oder seinen Arbeitskollegen oder irgend jemand anders zu verantworten gewesen wäre, an den Folgen dieser schrecklichen Explosion. Die letzten Augenblicke und die ersten seines Schmerzes verfolgen uns, nicht nur seinen Kollegen, der neben ihm stand, bis auf den heutigen Tag. Wir malen uns aus, wie es geschehen ist, was er gelitten hat, und

stehen vor dem unfaßbaren Warum und vor der letzten Hilflosigkeit, daß wir, daß niemand ihm helfen konnte.

Am Ende, in den letzten Stunden und Tagen, blieb nur noch, ihm die Hand zu halten. Alles, was die Liebe tun konnte, war diese letzte Geste. Sie ist der ersten gleich, wenn ein Kind geboren wird und Hände sich ihm entgegenstrecken, um es in die Welt zu halten. Alle Fähigkeiten, das Leben in die Hand zu nehmen, das Glück beim Schopf zu fassen, einen anderen Menschen zu ermutigen und mit ihm Hand in Hand durchs Leben zu gehen, sind in diesem wunderbaren Entgegenstrecken der Hände ausgedrückt, und der Schmerz der Geburt ist überwunden. Jetzt aber bleibt nur der Schmerz des Verlustes, der Ohnmacht, der Hilflosigkeit.

Jenes Buch der Bibel, das Buch Ijob, das vom Entsetzen und vom Leid des Menschen spricht, der mit seinem Gott rechtet und doch nicht aufhört, mit ihm zu reden, der die Nacktheit und das Ausgeliefertsein des Menschen mit ungeschminkter Hartnäckigkeit in den Namen Gottes hineinträgt, jenes Buch kann auch uns helfen. Wir stehen mit leeren Händen da und haben das Elend und das Leid im Herzen. Wir vertrauen uns dieser einen Hand an, die gegeben hat und die jetzt nimmt:

»Nackt kam ich hervor aus dem Schoß meiner Mutter,
nackt kehre ich dorthin zurück.
Der Herr hat gegeben, der Herr hat genommen,
gelobt sei der Name des Herrn« (Ijob 1,21).

Dieser tragische Unfall zerschlägt das gemeinsame Haus, er nimmt das tägliche Leben. Die täglichen Schritte auf der Treppe und an der Haustüre verstummen. Der Klang der Stimme ist nicht mehr zu hören, es fehlt die Umarmung und die vertraute Nähe. Was bleibt, ist die Liebe in den Herzen bei denen, die ihm vertraut waren, die sich ihm anvertraut hatten, denen er sein Leben, seine Arbeit, seine Liebe geschenkt hat. Diese Liebe kann das Warum, das unerbittlich bohrende Fragen nicht ersticken und bekommt seine Stimme und seine Berechtigung in diesem Satz der Marta, den sie Jesus entgegenschleudert: »Herr, wärst du hier gewesen, dann wäre mein Bruder nicht gestorben« (Joh 11,21).

Wo bist du, Gott, warum hast du ihn verlassen, so hören wir wie ein Echo vom Kreuz Christi uns selbst in diese Stunde hinein rufen. Warum bist du auf der Intensivstation ihm nicht zu Hilfe gekommen? Warum hat die Mutter von der immerwährenden Hilfe, die Mutter Gottes von Altötting, zu der der Verstorbene mit den Seinen sich immer wieder hingezogen fühlte, nicht helfen können?

Der gekreuzigte Christus ist angenagelt mit seinen Händen am Kreuz, damit sie endgültig und für immer offen sind für das Leid dieser Welt. Damit kann er für immer auch all jene in seine Arme schließen, die sich ihm in Glauben und Hoffnung anvertrauen. Das Sterbliche wird vom Leben verschlungen durch den, der auferstanden ist. In der Stunde seines Todes, zwischen Nacht und Morgen, haben die Sterne vom Himmel gefunkelt in einer ganz wunderbaren Pracht, der Weg des Lichts war frei für ihn, der sich aufmachte, vor seinen Schöpfer zu treten. Gott steht den Menschen als der Gebende und Nehmende gegenüber, aber seine Hände sind nicht leer, sein Antlitz ist nicht Finsternis. Über dem Zerbrochenen und nicht Vollendeten unseres Lebens leuchtet das Licht der Auferstehung. Unsere Nacktheit, sagt der Apostel Paulus (2 Kor 5,3), wird bekleidet, und er bricht aus in den Dank an Gott. »Dank sei Gott, der uns den Sieg verleiht durch Christus, unseren Herrn« (1 Kor 15,57). Seit wir in der Taufe übergossen wurden mit dem Wasser und dem Geist, lebendig gemacht wurden, werden wir nicht nackt erfunden und bloßgestellt vom Schicksalsschlag, sondern überkleidet von der Hoffnung und der Zartheit der Liebe Gottes.

Lassen Sie uns mit dem Kindermund die gestellte Frage beantworten. Die kleine Tochter stellt die Frage und gibt gleich die Antwort dazu. Die Frage heißt: »Warum ist der Papa gestorben?« – »Weil er so schwer verletzt war und jetzt nicht mehr weiter leben durfte.« Nachdenken, und dann nach einiger Zeit: »Aber er könnte doch noch leben!« Antwort: »Ja.«

Wiederum nachdenken. »Ich weiß, warum ihn Gott zu sich genommen hat! Weil er mit ihm schmusen will!«

Und dann stampft sie auf, mit trotzigem und entschlossenem Gesicht bricht es aus ihr hervor: »Aber er hätte doch leben können!«

Vergessen wir nicht, das Schmusen ist das Zärtlichste, das ein Vater seinem Kind geben kann. Das Du der Liebe Gottes ist noch umfassender, es ist unbegrenzt und wird alles vervollständigen und wiederherstellen. Jetzt aber bleiben Glaube, Hoffnung, Liebe, diese drei, das größte aber ist die Liebe (1 Kor 13,13).

GEBET

1 Kor 15,17–28

Christus, wenn Du nicht auferstanden bist,
dann ist unser Glaube nichtig,
dann sind wir noch in unsern Sünden.
Dann sind auch die in Dir Entschlafenen verloren.
Wenn wir bloß in diesem Leben auf Dich hoffen,
sind wir bejammernswerter als alle Menschen.

Nun aber bist Du, Christus, von den Toten
auferweckt worden,
als Erstling der Entschlafenen.
Wie durch *einen* Menschen der Tod gekommen ist,
so kommt auch durch *einen* Menschen
die Auferstehung der Toten.
Und wie in Adam alle sterben,
so werden auch in Dir alle lebendig gemacht
werden.

(Paul Hilsdale)

Dieter Müller

Heimatlos

Für eine heimatvertriebene Frau

Die Verstorbene hat ihr Leben lang unter dem Verlust ihrer Heimat gelitten. In der späten Heirat mit einem Landsmann hat sie etwas von der verlorenen Heimat wiedergefunden.

SCHRIFTTEXT

Gen 12,1–5

ANSPRACHE

Abram bricht auf aus seiner Heimat, läßt auf den Ruf Gottes hin alles zurück. Haus, Heimat, Nachbarn, ein gesichertes Leben in vertrauter Umgebung. »Zieh weg aus deinem Land, von deiner Verwandtschaft und aus deinem Vaterhaus in das Land, das ich dir zeigen werde.« Tiefes Gottvertrauen läßt ihn aufbrechen, nichts anderes. Da ist niemand, der ihn dazu überredet oder gar zwingt. Er geht freiwillig. Die Aussichten sind gut für ihn, denn mit dem Land, das Gott ihm zeigen wird, ist ihm reicher Segen in Aussicht gestellt. Es gibt andere Aufbruchsgeschichten, denen keine Verheißung vorausgegangen ist. Sie geschehen unfreiwillig und mit Gewalt, sind ohne jede Perspektive und bringen nur den Verlust der Heimat, Trauer und Schmerz. Wir kennen aus der jüngsten Geschichte genügend Bilder von Flucht und Vertreibung, Gesichter von verzweifelten Menschen.
Frau N. hat als »Heimatvertriebene« ein Leben lang unter dem Verlust ihrer Heimat gelitten. Immer wieder hat sie davon erzählt. Vom Haus ihrer Eltern, von den Tieren, den Feldern ... Sie hat viel verloren, und ihre Seele hat sich immer nach zu Hause gesehnt. Mit ihrem Mann, der aus dem gleichen Ort wie sie gekommen ist und den sie hier erst kennengelernt hat, hat sie etwas von ihrer geliebten Heimat wiedergefunden. Im Austausch von gemeinsamen Erinnerungen, in Liedern und Bildern haben sie miteinander die Heimat wiedergefunden und darin auch ein Stück Frieden und Versöhnung.
Es gehört zu unseren tiefsten Bedürfnissen, Heimat zu haben. Wie ein Baum brauchen wir ein Stück Erde, in der wir Wurzeln

schlagen dürfen. Wir wollen irgendwo dazugehören, wo man uns kennt und schätzt. Vielleicht ein Haus bewohnen, das man sein eigen nennt, in dem schon die Eltern und Großeltern gelebt haben und in dem noch etwas von deren Leben und Wirken spürbar ist. Wir sind ein Leben lang innerlich unterwegs, verändern uns immer wieder und sind keinen Tag sicher, ob das Leben uns am nächsten Tag nicht aus der Bahn wirft. In diesem sich wandelnden und ungewissen Leben ist die Heimat mit Freundes- und Bekanntenkreis, mit den vertrauten Liedern und Bräuchen eine Sicherheit, die wenigstens ein Stück Geborgenheit gibt.

Für viele Menschen ist es gar nicht selbstverständlich, daß sie sich hier auf der Erde beheimaten können. Und selbst wenn wir zu denen gehören, die irgendwann ein Fleckchen Erde finden, auf dem sie sich niederlassen dürfen, bleibt doch die Ahnung, daß wir auf der Wanderschaft sind. Und manchmal spüren wir, daß in uns eine Sehnsucht nach Heimat ist, die sich an keinem Ort wirklich stillen läßt, weil sie tiefer ist als alles, was wir menschlich realisieren können. Vielleicht ist es auch deshalb so furchtbar, aus der Heimat vertrieben zu werden, weil sie durch den Rückblick idealisiert wird und mit jenem inneren idealen Bild von Heimat verschmilzt, nach dem wir uns ein Leben lang sehnen. Es ist das Bild von Heimat, das, wie Ernst Bloch es sagt, jedem in die Kindheit scheint und wo doch noch keiner gewesen ist.

Beim Tod eines uns nahestehenden Menschen wird uns bewußt, wie vorläufig all unsere Bemühungen, seßhaft zu werden, bleiben müssen.

Und gerade im Blick auf das Leben von Frau N. begreifen wir den Liedvers: »Wir sind nur Gast auf Erden und wandern ohne Ruh mit mancherlei Beschwerden der ewigen Heimat zu.« Frau N. hat jetzt diese Erde, die ihr 93 Jahre lang Heimat und Verlust von Heimat war, für immer verlassen. Und wir glauben, daß sie eine bleibende Heimat bei Gott gefunden hat.

In die Trauer über den Verlust mischt sich heute die Ahnung, daß auch wir unsere Heimat hier auf Erden nicht festhalten können. Eines Tages gilt es, die Zelte abzubrechen und alles hinter sich zu lassen. Die Vorstellung macht uns vielleicht Angst. Aber der Tod von Frau N. hat für uns auch etwas Tröstliches. So wie sie von dieser Erde gegangen ist, war es nicht nochmals eine grausame Vertreibung aus der neuen Heimat, die sie sich mit ihrem Mann so mühsam geschaffen hat. Sie hat gewußt, daß sie nicht nochmals vertrieben werden kann. Und sie hat daran geglaubt, daß der Tod das Tor zu einer Heimat ist, wo sie für immer bleiben darf. »Unsere Heimat aber ist im Himmel« (Phil 3,22f) – aus dieser Zusage hat sie in den letzten Jahren immer mehr gelebt.

Im Glauben daran, daß Gott die Verstorbene aufnimmt in einer Heimat, aus der wir nicht mehr vertrieben werden können, nehmen wir heute Abschied von Frau N. Unser Glaube und unser Gebet soll sie auf diesem Weg in ein neues Leben begleiten.

GEBET

Herr Jesus Christus, du hast für uns, die wir auf der Erde keine bleibende Heimat finden können, bei Gott eine Wohnung bereitet. Dich bitten wir:

– Wir beten für die verstorbene Frau N.: daß sie nach ihrer langen und leidvollen Wanderschaft dort ankommen darf, wo sich ihre Sehnsucht und ihr Schmerz verwandeln und niemand mehr vertrieben wird.

– Wir beten für unsere Verstorbenen: daß all ihre Erfahrungen von Heimat und Heimatlosigkeit, von Suchen und Ankommen, von Finden und Verlieren bei Gott aufgehoben und zu neuem Leben verwandelt sind.

– Wir bitten für alle Menschen, die aus ihrer Heimat fliehen mußten: daß die Hoffnung auf eine neue Bleibe nicht enttäuscht wird und der Schmerz über den Verlust in der Begegnung mit gastfreundlichen Menschen langsam heilen darf.

– Wir bitten für alle Menschen, die in ihrem Herzen eine große Unruhe und Suche tragen: daß ihr heimatloses Herz Orte findet, an dem es immer wieder ankommen darf und zur Ruhe finden kann.

– Wir bitten für uns selber, die wir Angst haben, unsere irdische Bleibe zu verlieren: daß in den glücklichen Momenten, in denen wir auf dieser Erde Heimat erfahren, die Hoffnung auf eine bleibende Wohnung bei Gott wächst und uns getröstet weitergehen läßt.

Darum bitten wir dich, Christus, unsern Herrn und Bruder, der sich unter den Menschen beheimatet hat. Du bist uns vorausgegangen, um uns bei Gott eine Heimat zu schaffen. Dir danken wir, heute und alle Tage. Amen.

GESTALTUNGSELEMENT

»Ich bin wie eine Brieftaube, die man vom Urquell der Dinge in ein fernes, fremdes Land getragen und dort freigelassen hat. Sie trachtet ihr ganzes Leben nach der einstigen Heimat, ruhelos durchmißt sie das Land nach allen Seiten. Und oft fällt sie zu Boden in ihrer großen Müdigkeit, und man kommt, hebt sie auf, pflegt sie und will sie ans Haus gewöhnen. Aber sobald sie die Flügel nur wieder fühlt, fliegt sie von neuem fort, auf die einzige Fahrt, die ihrer Sehnsucht genügt, die unvermeidliche Suche nach dem Ort ihres Ursprungs.«

(Christian Morgenstern)

Heim, heim, heim!
Bist Du, Gott, der Ort
und die Spiele meiner Kindheit?
Bist Du die Wärme, das Lächeln, der Duft
im Schoß meiner Mutter? Bist Du auch
Klang in der Stimme meines Vaters?
Bist Du, wo ich herausfiel wie ein Stein,
der immerzu fällt und fällt und fällt?
Oder bist Du noch von weiter her?
Bist Du, wohin ich renne alle Tage
auf allen Straßen meines Lebens?
Heim, heim, heim!

(Bernhard Meuser)

Angelika Daiker

Obdachlos

Für einen verstorbenen Obdachlosen

Der 31jährige Obdachlose ist im Krankenhaus gestorben. Er hatte noch einen losen Kontakt zur Familie. Sie ließ den Leichnam einäschern, und die Urne wurde in seiner Heimat beigesetzt. Zum Gedenkgottesdienst waren seine Freunde aus der Berberszene und Mitarbeiterinnen und Mitarbeiter der betreuenden Einrichtungen gekommen.

SCHRIFTTEXT

Jes 43,1–3a

ANSPRACHE

Zuerst möchte ich auf diesen Wanderstock hinweisen, den viele auf ihren Wegen bei sich haben als Halt und Stütze. Er kann von dem zusätzlich reden, was ich jetzt in dieser unserer Gedenkstunde sagen will.

Die Worte aus dem Buch Jesaja sind uralte Worte unseres Glaubens und Vertrauens, schon 2500 Jahre alt. Dennoch taucht in ihnen ein Stück heutiger alltäglicher menschlicher Not auf. »Durch Feuer und Wasser gehen« ist heute immer noch oder wieder neu belastende Wirklichkeit, schlimme Not und bitteres Schicksal vieler Menschen. N. N. ist hineingeraten. Nur ein Stück weit konnte er sich stützen und halten. Die letzten Jahre wurden immer schwieriger. Stütze und Halt hat er immer mehr verloren. Sein Lebensmut und seine Lebenskraft sind immer mehr geschwunden. Krank ist er geworden. Leidend und oft verschlossen hat er unter uns gelebt. Trotz aller Härte und Last blieb in ihm immer noch, bei aller Schwäche, auch die Sehnsucht nach der Veränderung, nach der Erlösung aus dieser Not. Die einen unter uns kennen das, weil sie tagtäglich am eigenen Leib diese Not erfahren und ihr entkommen wollen. Sie suchen Stütze und Halt, um wieder auf eigene Wege zu kommen. Die anderen unter uns wollen dieser Not begegnen, wollen begleiten, wollen für eine gewisse Zeit Halt und Stütze sein, wollen erleichtern und Wege aus Not und Kraftlosigkeit möglich machen.

Unser Text sagt uns nicht, daß tödliche Wasser und todbringendes Feuer verschwinden. Aber er sagt, daß vorher, am Anfang des Lebens, bevor menschliche Geschichte ihren Anfang nimmt, ein jeder von Gott angesprochen worden ist; Gott hat ihn angesprochen: »Du, N. N., bist von mir beim Namen gerufen! Du bist mir vertraut und kostbar. Du gehörst zu mir!« Gott also hat ihm zugesagt: »Ich gehe mit auf deinen Wegen.« Er will ihm Stütze und Halt sein. Gott ist also wie ein Wanderstab in unserem Leben.

Gott hat eine andere Absicht für ihn als das, was ihm das Leben gebracht hat. Gott sagt zu ihm: »Ich halte dich fest, ich halte dich in deinem Schicksal aus. Ich will, daß du lebst. Und ich laß dich, wenn du in die Not des Lebens gerätst, nicht untergehen.«

Dazu passen die Erfahrungen seiner beiden letzten Lebensjahre hier in unserer Stadt. Vor zwei Jahren brachten seine Kollegen aus der Berberszene in den Vinzenztreff die Nachricht, daß da einer sei, der dringend Hilfe brauche. Er könne kaum mehr selber gehen. Er brauche jemanden, der ihm zur Stütze wird. Dann hat sich Schwester N. N. auf die Suche nach ihm gemacht und hat anfängliches Mißtrauen überwunden. Er hat erlebt, daß er, N. N., einen Namen hat, daß er wichtig ist. Unter seinen Freunden auf der Straße, in der Fachberatung, in der Notunterkunft und im Tagestreff hat er das erlebt. »Wir wollen mit dir und für dich dasein.« Und er hat dieses Bejahen als kleinen Stock und Stab für den nächsten Tag erlebt. Aber die, die das zu leben und zu geben versuchen, spüren ihre eigene Ohnmacht. Sie können nichts abnehmen, sie können wenig bewegen, sie können einfach nur dasein und Zeit haben und etwas von der Last für kurze Zeit mittragen. Auch die ist oft zu knapp. Niemand beschönigt und versteckt das.

Ich halte das Wort des Propheten Jesaja für unendlich wichtig. Es hat sich in mein Leben tief eingegraben. »Ich habe dich beim Namen gerufen, du gehörst zu mir.« Das ist ein wichtiges, unverlierbares Geschenk für mein Leben, für jedes Leben, ganz besonders für ein Leben, dem alltäglicher Schutz und Geborgenheit verlorengegangen sind.

Sein letztes Vertrauen ist ihm nie verloren gegangen. Denn die Melodie, die ihn bei seinem Sterben begleitet hat, war: »So nimm denn meine Hände und führe mich!« Gottes Hand also als Stütze und Stab. Der letzte Vers dieses Liedes lautet:

»Wenn ich auch gar nichts fühle
von deiner Macht,
du führst mich doch zum Ziele
auch durch die Nacht:
So nimm denn meine Hände
und führe mich
bis an mein selig Ende
und ewiglich.«

GEBET

Gott, auf seinen Wegen ist N. N. uns begegnet. In unserer Stadt
und in unserer Mitte hat er einen Platz gefunden. Die Last seines
Lebens hat ihn gezeichnet. Er hat schwer daran getragen. Die
Freundschaften und die Hilfen, die er fand, konnten seine Nöte
nicht wenden. Seine Lebenskraft hat er zu früh verbraucht. In der
Begleitung treuer und sorgender Menschen ist er seinen letzten
Weg zu dir gegangen. Nimm du ihn in deine Hände, und wandle
ihn für dein ewiges Reich des Lebens und der Liebe. Laß ihn dort
neu aufleben und Heimat finden. Denn du bist treu. Amen.

GESTALTUNGSELEMENT

In der Kapelle war auf dem Altar das Bild des jungen Obdachlosen, geschmückt mit Blumen. Die Freunde aus der Berberszene
konnten zu diesem Bild und dem Wanderstab etwas dazustellen,
was für den Verstorbenen wichtig war, z. B. eine Zigarette, ein
Kartenspiel, einen Stein ...
Als Lied am Anfang: GL 654 »Mitten wir im Leben sind«
Im Vinzenztreff, unserem Obdachlosentreff, war anschließend
eine Kaffeerunde.

Winfried Häberle

Unbekannt

Für einen Verstorbenen, der keine Vewandten und
Bekannten hatte

*Herr N. lebte allein in sehr armen Verhältnissen in einem kleinen
Ort. Das Pfarramt wurde über die anstehende Trauerfeier zur Feuerbestattung informiert. Eine Angestellte der örtlichen Bankfiliale
wußte, wer der Verstorbene war. Sie gab einige wenige Informa-
tionen. Im Werktagsgottesdienst, zwei Tage vor der Trauerfeier,
wurden die Anwesenden auf die Feier aufmerksam gemacht und
um Teilnahme gebeten. Etwa zwanzig Frauen sind der Einladung
gefolgt.*

SCHRIFTTEXT

Joh 5,1–9a

ANSPRACHE

Dieser Tod berührt uns eigenartig. Warum hat Herr N. keine
Verwandten, die nach ihm hätten schauen können? Wie kommt
ein Mensch in diese Lage, allein, einsam, arm mitten im Dorf zu
leben? Sind wir alle selbst zu beschäftigt, uns um ihn zu kümmern, oder ist es die Angst, irgendwo hineingezogen zu werden?
Sein Tod zwingt uns, auf sein Leben und auf unser Leben mit ihm
zurückzuschauen.

Tun wir das doch gemeinsam! Ich möchte Sie einladen, Ihre Ein-
drücke und Gedanken zusammenzutragen. Wenn wir hier liebevoll an ihn denken und einander erinnern, dann wird er selbst in
dem Andenken, das wir ihm geben, in unserer Mitte lebendig.
(Ich setze mich zu den Mitfeiernden in den Halbkreis.)
[Eine junge Frau erzählt, daß sie Herrn N. vom Bankschalter
kennt. Als Bankangestellte hat sie ihm regelmäßig Geld ausbe-
zahlt. Sie sagt, sie habe sich immer gewundert, wie man damit
überhaupt leben kann. Und jedesmal habe sie sich vorgenom-
men, ihn einmal zu besuchen. Aber dazu sei es jetzt zu spät. (Sie
beginnt zu weinen.) Eine andere Frau sagt, daß sie ihn kenne, weil
ihr Grundstück an den kleinen Garten seines Häuschens an-
grenzt. Herr N. sei immer freundlich gewesen. Jeden Morgen sei

er früh aufgestanden und habe hinter seinem Häuschen eine Zigarette geraucht. Sie habe ihm gelegentlich etwas Gemüse oder Obst aus dem Garten gegeben, ab und zu auch eine Marmelade. Sie wußte auch, daß die Ehe von Herrn N. Anfang der siebziger Jahre auseinandergebrochen war und daß er deshalb so einsam war. Eine dritte Frau wußte, daß immer wieder Leute anonym Umschläge mit Geld oder Tüten mit Lebensmitteln vor seine Haustür gebracht hätten. Da kein Beitrag mehr kommt, fahre ich fort:]

Wir haben das, was uns bewegt, vor Gott gebracht und wollen nun sein Wort miteinander hören.

Evangelium: Joh 5,1–9a

»Ich habe keinen Menschen« – Wenn ich auf das Leben von Herrn N. zurückblicke, dann drängt sich mir auf: Wir haben zwar ein »soziales Netz« in unserem Land, aber es ist eben nur ein Netz. Jedes Netz hat Maschen – und damit Löcher, durch die einer durchfallen kann. Das Netz gibt das Minimum, aber zum Leben braucht es mehr. Der Mensch lebt ja nicht vom Brot allein. Wenn wir die Heilungsgeschichte aus dem Johannesevangelium auf dem Hintergrund des Lebens von Herrn N. anschauen, dann könnten wir hilflos die Schultern zucken und denken: Schade, daß Jesus nicht bei ihm vorbeigekommen ist. Auch einer, der »keinen Menschen« hatte, wie so viele andere; aber Jesus kommt heute nicht mehr heilend durch unser Dorf.
Oder doch? Was haben uns die Frauen vorher erzählt? Daß er ab und zu Obst und Gemüse geschenkt bekam oder anonyme Geldgeschenke und Lebensmittel vor die Haustür. Natürlich haben wir alle das Gefühl des Ungenügens, das Gefühl, viel zu wenig für ihn getan zu haben. Trotzdem sollten wir die Gesten der Zuwendung nicht geringachten und auf das schauen, was gelungen ist. »Jesus Christus hat keine anderen Hände als unsere Hände.« Ich denke, so war Jesus doch immer wieder hier in H. Und wenn er es immer wieder geschafft hat, Menschen zu finden, die sich zur Hilfe für Herrn N. anregen ließen, dann ist das für mich ein Zeichen für Gottes Gegenwart. Am Ende geht der Kranke aus unserer Geschichte geheilt davon. Wenn wir auch im Leben von Herrn N. Spuren von Gottes Handeln und von seiner Zuwendung finden, dann gibt uns das Hoffnung, daß dieses Handeln

Gottes auch jetzt weitergeht. Dann ist unsere Hoffnung begründet, daß tatsächlich in allem Scheitern und aller Verlassenheit Gott da ist und uns in seinem Sohn Jesus Christus die Hände entgegenstreckt. Und sagt: Kommt zu mir, ihr Mühseligen und Beladenen. Ich will euch Ruhe verschaffen.

GEBET

Wir sind zusammengekommen, weil Herr N. aus unserem Dorf gestorben ist. Niemand von uns hat ihn richtig gekannt. Trotzdem ist es gut, daß wir gemeinsam sein Leben ehren und in Gottes gute Hände zurücklegen.
Treuer Gott, vor dir stehen wir mit dem Verstorbenen N. N. Du kennst sein Leben, du hast ein offenes Herz für alle Menschen; auch die Schwachen, auch die am Rande sind dir willkommen – das hast du uns gezeigt in deinem Sohn Jesus Christus. Wir vertrauen dir heute Herrn N. an. Er ist gestorben , und wir bestatten heute seinen Leib. Aber wir glauben, daß er auferstehen wird, denn du willst das Leben, nicht den Tod. Begleite ihn und stärke unser Vertrauen; darum bitten wir, durch Christus, unseren Bruder und Herrn. Amen.

GESTALTUNGSELEMENT

Bei dieser Feier wurde das Segensgebet besonders gestaltet.

Der allmächtige Gott hat sein Volk mit machtvollem Arm durch die Fluten des Meeres hindurchgeführt in die Freiheit. Er führe jetzt auch dich, N. N., durch das Dunkel des Todes hindurch in seine ewige Herrlichkeit. *(Weihwasser)*

Laßt uns beten, wie der Herr uns geboten hat: Vater unser im Himmel ...

(Ich bitte nun die Anwesenden, die um den Sarg herumstehen, eine Hand auf den Sarg zu legen.)

N. N., dein Name ist eingeschrieben in das Kreuz unseres Herrn Jesus Christus. Im Tod hast du das Kreuz mit ihm erlitten, und so sollst du auch mit ihm auferstehen. Denn du gehörst zu ihm.

So bitten wir alle, die jetzt beieinander sind, um Segen für dich und füreinander im Namen des Vaters und des Sohnes und des Heiligen Geistes. Amen.

Lasset uns beten: Gott, du bist der Schöpfer allen Lebens. Du willst nicht den Tod, du willst, daß wir leben. So bitten wir dich für unseren verstorbenen N. N.: Befreie ihn vom Tod, und laß ihn auferstehen zum neuen, ewigen Leben in deinem Reich, das du uns allen versprochen hast. So bitten wir im Vertrauen auf Christus, unseren Herrn. Amen.

Herr, gib N. N. die ewige Ruhe – und das ewige Licht leuchte ihm. Herr, laß ihn ruhen im Frieden. Amen.

Andreas Senn

Namenlos

Für einen Menschen, der ermordet aufgefunden wurde

Die Identität des Verstorbenen war zum Zeitpunkt der Beerdigung noch nicht festgestellt.

SCHRIFTTEXT

Jes 49,16

ANSPRACHE

Wir könnten es uns leicht machen: ein stilles Gebet, ein verkürzter Ritus, also einfach mit einem »kurzen Prozeß« einen namenlosen Mann verabschieden. Namenlos gefunden, nach einer Auskunft der Kriminalpolizei wohl ermordet. Bis heute nicht aufgeklärt.

Aber es ist hier nicht unsere Sache, herumzurätseln, welcher Art die Rätsel sind, die dieser Mann mit sich in den Tod genommen hat. Auch nicht herumzurätseln, welche Ängste jetzt vielleicht Mitwisser oder Mittäter oder den beziehungsweise die Täter bewegen.

Namenlos, durch die Hand anderer in den Tod gestürzt. So leicht machen möchten wir es uns heute nicht, obwohl man es uns kaum verübeln könnte.

Sie, die Angestellten des Friedhofsamtes, haben mir freundlicherweise zugesagt, mit mir zusammen bei dieser Abschiedsfeier sozusagen die trauernde Gemeinde darzustellen, also nicht nur ihrer – im übrigen gar nicht leichten – Arbeit nachzukommen.

Benannt

Im Buch Genesis im Alten Testament wird berichtet, daß Gott dem ersten Menschen die Tiere und die Vögel vorgeführt habe, um zu sehen wie der Mensch sie benenne. »So gab der Mensch jedem Vieh einen Namen, jedem der wilden Tiere und jedem der Vögel ...« (Gen 2,19f). Im Buch der Psalmen finde ich einen ähnlich bedenkenswerten Satz: »Der Herr heilt alle, deren Herz zerrissen ist, verbindet ihre Wunden. Er allein kennt die Zahl der Sterne, jedem hat er seinen Namen gegeben« (Ps 147,3f).

In die Hand geschrieben

So birgt diese Abschiedsstunde doch noch etwas Erleichterndes in sich: Wir müssen nicht den Versuch machen, irgend etwas aus dem Leben zusammenzutragen, einen Lebenslauf, oder gar ein Zeugnis auszustellen. Es bleibt nur, diesen Verstorbenen dem fürsorglichen, barmherzigen Gott anzuempfehlen.

Was Jesaja, der Prophet, den Bewohnern der Stadt Jerusalem in Aussicht stellt, soll auch für diesen Anonymen, diesen Unbekannten, scheinbar Namenlosen gelten: »Ich habe dich unauslöschlich in meine Hand eingezeichnet.« Angesichts einer solchen eindringlichen Verheißung bleiben alle eitlen Gedanken weit zurück.

Bleibt die auch für uns wichtige Frage: Was ist das für ein Gott, von dem wir glauben dürfen, daß er unsere Namen in seine Hand geschrieben hat, unauslöschlich, damit er uns nicht vergißt, nicht vergessen kann? Da taucht in meiner Erinnerung ein kleines Erlebnis auf, das ich Ihnen erzählen möchte: Bei einer großen kirchlichen Veranstaltung waren viele Priester zum Austeilen der Kommunion eingeteilt. Jeder von uns bekam dazu einen Ministranten zugeteilt, der mit einem Zeichen vorausging, damit die vielen Priester an den verschiedenen Orten der großen Halle ausgemacht werden konnten. Mir wurde ein kleiner Ministrant zugeteilt, den ich vorher nicht gekannt hatte – er mich übrigens auch nicht. Die Hauptprobe klappte, und als es ernst wurde am nächsten Tag, war ich gespannt, ob der kleine Ministrant mich wiederfinden würde. Er fand mich; er schaute zu mir hinauf, beobachtete mein Gesicht, öffnete dann seine linke Hand, schaute hinein und nannte meinen Namen. Er hatte meinen Namen in seine Hand eingetragen, damit er meinen Namen und mich nicht vergißt.

Was ist das für ein Gott?

Was ist das für ein Gott, von dem wir solches annehmen dürfen: Er kennt uns, er beachtet uns, er läßt keinen im Stich, er hält uns, er behält uns in Erinnerung, er vergißt uns nicht.

Sie mögen das für einen kühnen Gedanken halten. Aber ich meine, daß wir das glauben dürfen. Und wenn bis zu dieser Stunde keiner, auch nicht die Polizei, den Namen dieses Menschen kennt, so ist doch einer da, der ihn mit Namen anspricht.

Und der – so hoffe ich, wie es im Buch des Propheten Jesaja ge-schrieben steht (Jes 56,4 f) – errichtet in seinem Haus einen Ge-denkstein, auf dem sein Name steht.

Und ich hoffe, daß dieser Gott die Erinnerung an ihn besser be-wahrt als Söhne und Töchter auch dann noch, wenn unsere Na-men verwischt werden und unsere Gesichter in der Erinnerung anderer einmal verblassen.

Dies soll auch für uns gelten. Das wünsche ich Ihnen, mir und ihm, den wir verabschieden.

»Auch deinen Namen habe ich in meine Hand geschrieben, ich vergesse dich nicht, bei mir bist du aufgehoben.«

GEBET

Gott des Erbarmens und des Trostes, viele Rätsel hast du uns auf-gegeben. Rätsel, die wir selbst nicht lösen können.

Viele Labyrinthe bauen wir auf und finden uns darin nicht zu-recht.

Wir empfehlen dir deinen Diener, der für uns namenlos auf un-erklärliche Weise über die Schwelle des Todes stürzen mußte.

Wir empfehlen ihn dir mit allem, was ihn bewegte, mit all seinen Fragen und Ängsten, mit all seinen Hoffnungen und Freuden, mit all seinen Einsamkeiten und auch mit all seiner Schuld und sei-nem Versagen.

Nimm ihn bei der Hand, rufe ihn mit seinem Namen, geleite ihn sicher zum Ziel, und laß ihn bei dir in deiner fürsorglichen Hand immer geborgen sein.

Uns aber schenke den Trost des Glaubens, daß auch unsere Na-men bei dir nicht vergessen sind. Amen.

GESTALTUNGSELEMENT

Bei den Umständen dieser Begräbnisfeier verbot es sich, irgend-welche optischen oder gar spektakulären Zeichen ins Spiel zu bringen. Ich habe lediglich die Leichenträger gebeten, noch einige Augenblicke still bei mir zu bleiben am Grab angesichts dieses anonymen Toten. Dann haben wir uns wortlos die Hand gege-ben.

Anton Bauer

Positiv

Für einen an Aids Erkrankten

Der Verstorbene war dreißig Jahre alt. Er hat mit seinem Freund
zusammengelebt, der auch positiv ist.

SCHRIFTTEXT

Röm 13,11

ANSPRACHE

»Bedenkt die gegenwärtige Zeit«

Vor seinem Tod habt ihr beide, Bert und du, Piet, sich den fol-
genden Text immer wieder in Erinnerung gerufen:
»Warum aufstehen, wenn heut' wie gestern ist?
Warum aufstehen, wenn du heute nichts erwartest?
Warum aufstehen, wenn die andern sagen: Dich kenne ich?
Warum aufstehen, wenn du gestern schon gestorben bist?«
Und doch lohnt es sich aufzustehen, wenn heute heute ist. Denn
heute ist voller Möglichkeiten zu leben und zu lieben ...
Diesen Text habt ihr euch oft gegenseitig vorgelesen, euch daran
erinnert, euch bestärkt. Und du, Piet, bist bei deinem Bert geblie-
ben, der in deinen Armen starb. Schon oft habt ihr das Sterben
von Freunden erlebt, mit aller Angst und allem Zittern. Und ihr
habt mit allem Frieden loslassen können.
Ihr alle kanntet Bert viel besser als ich, und doch war es seine
Bitte, daß ich heute an dieser Stelle stehe, an diesem von ihm aus-
gesuchten Ort für die Trauerfeier.

»Bedenkt die gegenwärtige Zeit«

Bert liebte die Engel sehr – er hatte auch etwas von ihnen. Er war
unendlich geduldig, charmant, hatte oft ein verschmitztes Lächeln. Er war auch faul und verließ sich gerne auf andere – besonders auf dich, Piet, seinen Freund. Bert ging gern ins Städtchen
bummeln. In den letzten Tagen beobachtete er das Wachsen der
Tomaten auf seinem Balkon. Er aß gerne Ziegenkäse und war
überhaupt ein Genießer.

»Bedenkt die gegenwärtige Zeit«

Als ich Bert an einem Abend im Krankenzimmer besuchte, meinte er: »Bei meiner Trauerfeier wünsche ich mir viele gelbe Blumen. Und den Leuten sage ich: Mein Leben war kurz. Aber das Sahnetöpfchen, das mir zur Verfügung stand, habe ich voll ausgeschlappert.«
Vor etwa zwei Wochen rief Bert noch seine engsten Freunde und die Eltern zu einem ganz besonderen Fest in der Klinik zusammen – seine Erstkommunionfeier. Wie war es dazu gekommen? Am Gründonnerstag hatte ich Bert in seinem Krankenzimmer besucht. Am Ende der Begegnung bat er, wie schon so oft, daß ich ihn segne und ihm dabei die Hände auflege. Ich tat dies, und irgendwie kam es dazu, daß ich ihn fragte, ob er eigentlich getauft sei. Er antwortete: »Ich bin Katholik.« Zwar sei er fast nie zur Kirche gegangen, auch nicht zur Kommunion, weil er damals nicht gerne auswendig lernen wollte. Sein Vater habe dies akzeptiert. »Und wie ist es heute?« fragte ich ihn. Darauf meinte er: »Heute habe ich einen großen Hunger danach.«

»Bedenkt die gegenwärtige Zeit«

Ich bot ihm an, wenn für ihn der Zeitpunkt da sei, solle er es mir sagen und wir feiern zusammen die Erstkommunion. Als an diesem Sonntagabend – vor gut zwei Wochen – seine Eltern aus Frankreich da waren, rief mich Piet an und meinte: »Morgen will Bert seine Kommunion haben.« Wir vereinbarten 17 Uhr als Termin. Ich staunte nicht schlecht, denn Bert hatte seine Gäste eingeladen. Kuchen stand vorbereitet, und der Sekt war kalt gestellt. Nach Musik und Gebet bekam Bert endlich den Leib Christi, seine Kommunion. Er führte das Brot zum Mund – und schmatzte, lächelte und schmatzte. Ich dachte bei mir, oh je, gleich bricht Gelächter aus. Als ich jedoch in die Runde schaute, waren die Anwesenden zu Tränen gerührt. Es war etwas spürbar geworden, von dem, was Bert verkostete: einen stärkenden, befreienden Frieden.

»Bedenkt die gegenwärtige Zeit«

Dieses Erlebnis hat mir gezeigt: Es lohnt sich, aufzustehen, wenn heute heute ist, voller Möglichkeiten zu leben und zu lieben. Wir vertrauen, daß Bert bei Gott ist – auf den er übrigens sehr hoffte.

Gott ist für mich in der Gegenwart. Laßt uns daher die Chance nutzen, auch in dieser Stunde des Abschieds zu leben und zu lieben.

Berts Leben hat eine Botschaft für uns, die vielleicht heißt: Wenn du morgens erwachst, liegt etwas Wundervolles auf dir: Es ist dein Leben. Es ist dein Leben, wenn einer kommt, um Glück und Liebe und Schwäche mit dir zu teilen.

Und wenn einer kommt, um bei dir zu weinen: Das ist dein Leben.

Und wenn du selber einen Freund beweinst, das ist die Liebe und dein Leben.

Und wenn dein zorniger Fuß die Erde spürt, das ist Kraft und dein Leben.

Und wenn du schwach bist und einer gibt seinen Leib an deine Seite im Umarmen: Das ist dein Leben.

Und wenn alle ausbleiben und du einsam bist und in dir die Sehnsucht erwacht nach Liebe: Das ist dein Leben.

Und wenn du am Ende müde wirst und dich aus den Herzen der Menschen zurücknimmst und dir der Traum bleibt von einem Licht Gottes: Das ist dein Leben.

Auf der Suche nach Gott in deinem Leben wirst du dieses finden: Liebe, Sehnsucht und Traum mit ihren je eigenen Schatten des Schmerzes, der Trauer, der Dunkelheit.

Aber du wirst erkennen: Wenn du lange in die Nacht blickst, wird das Dunkel nicht schwärzer, sondern heller, und bekommt Konturen. Und du hast die Ahnung, daß hinter dem schwärzesten Schwarz das Licht ist. Und wenn du nach der langen Nacht erwachst, liegt etwas Wundervolles auf dir: dein Leben. Gott, du bist das Leben. Laß mich spüren, daß ich lebe, jetzt und hier und heute, um die Chance zur Liebe zu nutzen und die gegenwärtige Zeit zu bedenken!

GEBET

Gott des Lebens und des Sterbens, wir müssen Bert hergeben, der uns vertraut war. Das fällt uns schwer.

Herr, mache uns bereit dazu, damit wir uns nicht in der Trauer verlieren. Hilf, daß wir den Wert der Tage ermessen, die uns füreinander gegeben sind, damit wir das richtige tun und lassen.

Wir bedenken, was Bert für unser Leben bedeutete, wofür wir zu danken haben und was wir für unser Leben bewahren möchten, was uns schwer geworden ist und was wir verstehen müssen, was wir zu vergeben haben und was wir vielleicht bei aller Nähe versäumten und einander schuldig geworden sind.

Gott, hilf uns, der Liebe treu zu sein, die Brücken schlägt zwischen denen, die kommen, und denen, die gehen.

Laß uns die Chance nutzen, die auch Bert uns gezeigt hat: aufzustehen, wenn heute heute ist, voller Möglichkeiten, zu leben und zu lieben. Amen.

GESTALTUNGSELEMENT

Bei der brennenden Osterkerze am Sarg (oder beim Bild) standen viele Kerzen. Jeder konnte auf eine Einladung hin nach vorne gehen, sich eine von den Kerzen nehmen, sie entzünden und dabei ein Wort oder einen Satz dazu sagen, inwiefern der Verstorbene wie ein Licht in der Begegnung oder im Leben für den anderen war.

Diese Kerze konnte jeder auf Wunsch des Verstorbenen mit nach Hause nehmen, zur Erinnerung an die Chance, »die gegenwärtige Zeit zu bedenken«.

Sr. Helga Weidemann SAC

Süchtig

Für eine junge Drogenabhängige

Die Verstorbene war 29 Jahre alt. Sie war viele Jahre lang drogen-abhängig und HIV-infiziert. Mutter von zwei Kindern. Sie starb an einer Überdosis Tabletten.

SCHRIFTTEXT

Ps 23

ANSPRACHE

Der Psalm 23 greift das Bild auf, daß unser Leben ein Weg ist. So ist es. Unser Leben lang sind wir unterwegs. Streckenweise geht es uns ganz gut, läuft es wie von selbst, und auf einmal geht plötz-lich nichts mehr. Ein Unfall, eine Diagnose, eine Krankheit, ein Schlaganfall, ein Herzinfarkt, ein Schicksalsschlag. Auf einen Schlag wird unser Weg durchkreuzt. Ein Kreuzweg ist unser aller Leben, mehr oder weniger.

Silkes Lebensweg war auch ein unendlicher Kreuzweg, zumin-dest ihre zweite Lebenshälfte. Ein Kreuzweg mit vielen Stationen. Dein Kreuzweg, Silke, führte durch das todfinstere Tal, durch die dunkle Schlucht, durch die Nacht der Verzweiflung. Und am Ende warst du so verzweifelt, daß du nach einem Ausweg gesucht hast. Du hattest Angst, daß du das nicht packst, was da noch alles auf dich zukommt, daß die letzte Strecke hinauf nach Golgota zu schwer für dich ist.

Warum bist du, Silke, diesen Weg gegangenen? Du hättest doch ei-nen ganz anderen Weg gehen können. Du warst intelligent, sprach-lich außergewöhnlich begabt, spieltest gut und gerne Klavier.

Warum denn dieser Weg? Warum gehen so viele junge Men-schen diesen qualvollen Leidensweg?

Für manche ist das gar keine Frage. Sie sagen: Die sind doch selbst schuld. Dieses Urteil ist leicht, leicht-fertig. Denn wer das sagt, braucht mit den Drogenabhängigen nicht mitzuleiden.

Selbst schuld. Dieses Urteil ist auch leichtsinnig. Denn wer ein solch hartes Urteil fällt, vergißt, daß es sehr wohl auch einmal auf ihn selbst zurückfallen kann.

Was treibt junge Menschen in die Sucht? Bei vielen ist es die Neugierde. Sie wollen die Drogen einmal ausprobieren. Sie wissen zwar, daß das nicht ungefährlich ist, aber sie sind sich sicher: Ich habe es – im Gegensatz zu den anderen – fest im Griff.

Und wenn sie allmählich begreifen, daß die Drogen sie im Griff haben, kommen sie nicht mehr los von ihrer Sucht. So war es auch bei Silke. Sie hat wirklich versucht, von der Droge loszukommen, und hat mehrere Therapien gemacht.

Daß die Sucht einen Menschen gefangen hält, sehen wir auch bei Alkohol. Viele meinen, das ist doch etwas anderes. Aber es gehen mehr Menschen am Alkohol zugrunde als an harten Drogen. Auch beim Alkohol gibt es viele, die immer und immer wieder rückfällig werden.

Silke ist auf ihrem Kreuzweg mehr als dreimal gefallen, unter der Last ihres Kreuzes zusammengebrochen. Viele haben sich um sie bemüht, haben versucht, sie wieder aufzurichten. Silke hatte gute, echte Freunde. Da warst du, Tanja. Du und Silke wart immer zusammen, ihr beide wart unzertrennlich.

Da warst du, Karsten, du hast dich auch sehr um Silke bemüht, warst ihr eine wichtige Stütze und ein großer Halt, aber letztlich konnte niemand sie halten. Da gab es viele Sozialarbeiter und Sozialarbeiterinnen, nicht zuletzt dich, Maria. Silke wollte zu dir ins betreute Wohnen. Aber wir alle waren letztlich hilflos, hilflose Helfer.

Der Kreuzweg von Silke war für Sie, liebe Frau N., eine Passion. Sie beide waren ganz eng und innig miteinander verbunden. Silke hat immer so gut und so lieb von Ihnen geredet, wie ich das von großen Töchtern und Söhnen sonst nicht kenne. Sie haben alles für Ihre Silke getan, und manches, was Silke tat, hat Ihr Herz durchbohrt – wie bei der Mutter Jesu. Sie haben mit der Zeit das verstanden, verstehen gelernt, was gerade viele Eltern von Drogenabhängigen nicht verstehen können: daß Sucht eine Krankheit ist. Viele meinen, die können doch aufhören, wenn sie wollen.

Wenn es nur so einfach wäre! Sucht ist eine Krankheit. Wer das versteht, verurteilt nicht. Sucht hat auch viel mit Sehnsucht zu tun. Der Süchtige sehnt sich nach einem ganz anderen, viel besseren Leben und gleichzeitig zerstört er sein eigenes.

Auch Silke hat sich nach einem ganz anderen Leben gesehnt, nach einem Leben auf grünen Auen, gerade dann, als sie durch die Hölle ging. Der Psalm 23 spricht in Bildern voller Sehnsucht.

Er spricht gerade die Menschen an, die auf die schiefe Bahn geraten sind und auf die rechte Bahn geführt werden möchten. So gibt es immer wieder Drogenabhängige, die sich gerade diesen Psalm für ihre Beerdigung wünschen.

Denn du bist bei mir. Wenn wir das spüren, brauchen wir nichts fürchten, auch dann nicht, wenn wir uns mitten in der Wüste befinden oder am Abgrund stehen. Wenn wir spüren, daß er bei uns ist und uns begleitet, können wir unseren Weg weitergehen, auch wenn wir vor einem hohen Berg stehen und meinen, das schaffen wir nie. Er ist bei uns, auch wenn unser Weg steil hinaufführt, hinauf nach Golgota. Er läßt nicht zu, daß der Tod uns tötet. Das Kreuz ist nicht nur das Symbol des Leidens, sondern auch das Zeichen der Hoffnung. Es weist weit über den Tod hinaus in die andere Welt, wo Silke jetzt alles das schaut und schmeckt und kostet, was der Psalm 23 verheißt.

Und so werden auch wir zu guter Letzt ins Gelobte Land gelangen, aber erst müssen wir unseren Weg noch zu Ende gehen. Und auch wenn wir Angst haben vor Golgota, vergessen wir nicht: Nach jedem Karfreitag kommt Ostern. So ist es.

GEBET

... Und vergib uns unsere Schuld ...

Silke, vergib du uns, was wir dir schuldig geblieben sind. Vielleicht können wir Silke auch sagen, daß dies oder jenes uns immer noch leid tut. Trage es uns nicht nach, Silke.

Und wir bitten Gott um Vergebung für das, was in Silkes Leben nicht gut war und wofür sie der Vergebung bedarf.

Herr, unser Gott, wenn du anrechnen würdest all unsere Sünden, wer könnte dann vor dir bestehen? Wir bitten dich: Nimm Silke auf zu dir, und laß sie deine Güte schauen. Führe du sie auf die grünen Auen und zu dem reich gedeckten Tisch. Schenke du ihr die Erfüllung all ihrer Sehnsucht. Laß uns miteinander in Liebe verbunden bleiben, und laß uns einander wiedersehen. Darum bitten wir dich von ganzem Herzen. Und wir bitten dich auch, daß du uns begleitest auf all unseren Wegen und uns segnest:

Herr, segne unsere Augen, damit wir das Licht im Dunkel sehen und auch die verborgene Not wahrnehmen.

Segne unsere Ohren, damit wir hören, was der Mensch neben uns uns mitteilen möchte.
Segne unseren Mund, damit wir zur rechten Zeit das richtige Wort sprechen.
Segne unsere Hände, damit wir deine Güte weitergeben und nicht mit dem Finger auf andere zeigen.
Segne unsere Beine und Füße, damit wir einander beistehen und unseren Weg aufrecht zu Ende gehen können.
Und segne vor allem unsere Herzen, damit auch wir barmherzig werden, so wie du es bist mit uns und mit Silke und mit allen, die uns vorangegangen sind auf unserem Heimweg.
So segne uns der gütige Gott: Der Vater, der Sohn und der Heilige Geist.

GESTALTUNGSELEMENT

Der Chor sang ein Lied, das Silke und ihrer Mutter wichtig war.

1. Ich will zu meinem Vater gehn heut am Tag.
Er wird ein jedes Wort verstehn, das ich wag, das ich wag.

2. Weil es noch ein Zuhause gibt, lauf ich hin.
Ich weiß, daß mich mein Vater liebt, wie ich bin, wie ich bin.

3. Er ist's, der dich von fern erblickt, tief im Staub.
Sein Herz hat er vorausgeschickt. Sieh und glaub! Sieh und glaub!

4. Er ist's, der dir entgegenläuft weit, wie weit;
der dich mit Liebe überhäuft und verzeiht, und verzeiht.

5. Den Lumpenrock schafft man beiseit – brennt wie Spreu.
Nun trägst du Schuh und Ring und Kleid, funkelnd neu, funkelnd neu.

6. Hoch hebt das Fest der Heimkehr an, nie erschaut.
Die Freude, die nur danken kann, jubelt laut, jubelt laut.

7. Laßt uns zu unserm Vater gehn, ich und du.
Er ruft, bis alle ihn verstehn: Kommt herzu, kommt herzu!

(Text: Lotte Denkhaus 1975/Melodie: Dieter Trautwein)

Petrus Ceelen

Stimmt!

Für einen, der im kirchlichen Leben engagiert war
(Kirchenmusiker/Chormitglied)

SCHRIFTTEXT

Lk 3,1–6

ANSPRACHE

Wir alle leben vom Wort, von einem guten Wort, das uns jemand
sagt. In der Zeit der Trauer brauchen wir ein tröstliches Wort und
jemanden, der uns zuspricht und dem wir vertrauen. Je sprach-
loser wir selbst sind, um so mehr wollen wir uns am Wort festhalten, das uns zugesprochen wird. Der Tod macht sprachlos.
Der Tod läßt den Sterbenden selbst verstummen. Und die anderen, die mit dem Sterbenden bis zur Schwelle des Todes gegangen sind, bleiben sprachlos und hilflos zurück. Uns ist Gottes
Wort gegeben; ein Wort, das über den Tod hinausreicht. Es ist immer dasselbe Wort, das Gott sagt. Im Ersten Testament heißt es:
»Ich bin da!« Ich bin für dich da in der Kraft deines Lebens, bin
für dich da im Zerfall deines Lebens, ich bin für dich da im Tod,
wenn niemand sonst mit dir sein kann.
Im Neuen Testament heißt es: »Das Wort ist Fleisch geworden
und hat unter uns gewohnt.« Jesus selbst ist das Wort, das uns gegeben ist. Was er gesagt und getan hat, das haben die Menschen
als Zuspruch erfahren, als Ermöglichung von Leben, als Befrei-
ung von Zwängen, als Aufrichten und manchmal auch als
schneidendes Wort, das uns Menschen um der Wahrhaftigkeit
willen auch gesagt werden muß.
Jesus ist für uns das Wort. Aber dieses Wort ist stumm ohne die
Menschen, die dem Wort ihre Stimme leihen. Das Wort braucht
eine Stimme, damit es zum Klingen kommt und damit die Menschen es hören. Ohne Stimme bleibt das Wort stumm. Johannes
der Täufer bezeichnet sich selbst als die Stimme. Er war die
Stimme, die Gottes Ankunft ausgerufen hat. Er selbst wollte
nichts anderes als die Ankunft und die Gegenwart des Herrn

ankündigen mit seiner Stimme – mahnend, drohend, verhei-
ßend. Jesus ist das Wort, Johannes ist die Stimme.

Seit Jesus durch Tod und Auferstehung in die Vollendung gegangen ist, braucht es die Stimme derer, die ihm nachfolgen. Sein
Wort sucht sich die Stimmen der Menschen. Im Verkündigen des
Evangeliums, im Nachsprechen der Worte Jesu durch uns erhält
das Wort eine Stimme. Aber noch mehr und noch tiefer bekommt das Wort eine Stimme im Gesang und in der Musik.

Der verstorbene N. N. ist ein Mann gewesen, der dem Wort
Gottes in unserer Gemeinde seine Stimme gegeben hat. Es war
eine schöne und wichtige Stimme im Leben unserer Gemeinde –
als Sänger im Chor, als Kantor und auch als Instrumentalist. Wie
Johannes die Stimme gewesen ist, die gerufen hat: »Bereitet dem
Herrn den Weg!« so ist der verstorbene N. N. eine Stimme gewesen, die das Kommen und die Gegenwart des Wortes in den
Gottesdiensten und an den Festen unserer Gemeinde verlauten
hat lassen.

Wer das Wort Gottes ernst nimmt und diesem Wort Stimme gibt,
dessen Leben wird immer mehr davon bestimmt. Niemand, der
dem Wort seine Stimme gibt, kann dem Wort gegenüber gleich-
gültig bleiben.

Menschen geben dem Wort ihre Stimme, aber Gott ist es, der bestimmt. Wir erfahren es nirgendwo so dramatisch und schmerzlich wie beim Sterben eines Menschen, daß ein anderer über uns
bestimmt. Aus seiner Verborgenheit heraus bestimmt er unser
Leben; und unser Teil ist es, das uns Bestimmte anzunehmen, es
zu leben und zu gestalten, selbst wenn wir uns dagegen wehren
und auflehnen wollen.

Ein Leben lang geht es für uns Glaubende darum, daß wir dem
Wort Gottes trauen lernen. Manchmal fällt es uns leicht, auf
Gottes Wort hin zu sagen: Stimmt! Und manchmal fällt es uns
unglaublich schwer, seinem Wort zu antworten mit dem einfachen »Stimmt, ich glaube es dir!« In der Erfahrung des Verlustes
und der Trauer ist es vielleicht am schwersten zu glauben, daß
Gottes Wort stimmt. Bitten wir darum, daß die Stimme von N. N.
in uns weiterklingt. Bitten wir auch darum, daß er im Angesicht
Gottes sagen darf: »Stimmt!« Und daß wir es einmal mit dem
Verstorbenen sagen können: Gottes Wort stimmt, auch wenn es
uns heute unglaublich hart und gewaltig ankommt.

GEBET

Tod und Vergehen waltet in allem,
steht über Menschen, Pflanzen und Tieren,
Sternbild und Zeit.

Du hast ins Leben alles gerufen.
Herr, deine Schöpfung neigt sich zum Tode.
Hole sie heim.

Schenke im Ende auch die Vollendung.
Nicht in die Leere falle die Vielfalt
irdischen Seins.

Herr, deine Pläne bleiben uns dunkel. –
Doch singen Lob wir dir, dem dreieinen,
ewigen Gott.

(Hymnus zur Komplet nach dem Stundenbuch)

GESTALTUNGSELEMENT

In einer Vision der Schwester Adelheid von St. Gallen aus der
Chronik des Dominikanerinnenklosters Dießenhofen werden
singende Menschen besonders geehrt:
Schwester Adelheid sah, als man die Antiphon »Ave Stella« sang,
die Mutter Gottes durch den Chor gehen. Sie trug unseren Herrn
im Arm. Vor jeder Klosterfrau verneigte sie sich. Als sie aber zu
den singenden Nonnen in den Chor kam, gab sie das Kindlein einer jeden Schwester in den Arm.

Anton Seeberger

Berufen und gesandt

Für einen, der im kirchlichen Leben engagiert war (Mesner)

Herr N. war Mesner der Gemeinde und verkörperte jene Glau-
bens- und Lebensgeschichte, von der wir manchmal sagen, sie sei
zur absoluten Ausnahme geworden.
Zwischen dem Todestag und dem Begräbnistag des Verstorbenen
lag der Dritte Sonntag im Jahreskreis, Lesejahr B – es entsprach
dem Selbstverständnis des Verstorbenen, von der Verkündigung
dieses Sonntags her auch die Verkündigung bei seinem Begräbnis
auszurichten.

SCHRIFTTEXT

Mk 1,14–20

ANSPRACHE

Die biblische Wegweisung in dieser Stunde haben wir nicht ausgesucht. Sie ist uns zugefallen, geschenkt, anvertraut – als Evangelium des Sonntags, der zwischen Todestag und Begräbnis unseres Verstorbenen liegt: ein biblischer Text, der so auch dem
Rhythmus des Glaubens in der Gemeinschaft von Kirche und
Gottesdienst entspricht, in denen N. N. zu Hause war. Es ist ein
Evangelium, das ganz und gar sein Leben und Sterben einholt
und heimholt: »Komm und folge mir nach!«
Er wurde weggerufen von seinem Fischernetz, aus seinem Le-
benswerk, aus seiner Schaffens- und Einsatzfreude, die ihm über
die Pensionsgrenze hinaus zu eigen war und auch seinen »Ruhe-
stand« prägte. Sein Lebensnetz ist gefüllt von der Ernte, die Gott
genug sein läßt, auch wenn wir noch vieles erstrebt und uns noch
vieles vorgestellt haben.
»Komm und folge mir« – vom Mesnerberuf war weder dort im
Evangelium noch hier bei unserem Verstorbenen zunächst die
Rede. Vergleichbar den beiden Brüderpaaren, dort im Evangelium am Fischernetz, bei ihm auf dem elterlichen Bauernhof auf
der heimatlichen Erde in Ostpreußen, erreichte ihn der Anruf seines Meisters bei der Arbeit. Wohin auch immer später der Ruf
Jesu die früheren Fischer führte – sie hätten wie viele heute das

Wort von den Menschenfischern nicht verstanden oder mißverstanden, wenn sie nicht täglich mit dem Netz umgegangen wären. In Fleisch und Blut war eingegangen, was das Netz verkörpert: daß wir nicht nur den Lebens-*unterhalt,* sondern auch den Lebens-*inhalt* suchen: das Netz, das uns trägt, hält und birgt. Der Glaube als tragendes Netz – mit dieser Berufung im Herzen wurde unser lieber Verstorbener weggerissen von seiner Scholle, von seinem täglichen Netz; weggerissen zunächst in den Arbeitsdienst, dann in den Wehrdienst, in die kalten und grausamen Wirren des Krieges, aus denen er verwundet sich nach Urach durchbrachte, fern der dann auch politisch verlorengegangenen Heimat.

Mit Ihnen, liebe Frau N., schloß er 1957 die Ehe und knüpfte mit Ihnen jenes Netz, das ihm zugleich selbst Halt und Geborgenheit gab: das tragende Netz der ehelichen Gemeinschaft und der Familie, die den vier Söhnen die entscheidenden Lebenswerte auf den Weg ihrer eigenen Berufung gab.

»Komm, folge mir« – in nochmals ganz anderer Weise vernahm er dann diesen Ruf, als Mesner Menschenfischer im Sinne Jesu zu sein. Überzeugend zu leben, daß wir im Glauben das tragende und bergende Netz unseres Lebens finden, darum bemühte er sich redlich.

Mit der Übernahme der Mesner- und Hausmeisterdienste wurden nochmals ganz neue Fähigkeiten und Einsatzmöglichkeiten offenbar. Sein Eifer und seine lebensfrohe Hingabe bezogen die ganze Familie mit ein. Sie bestellte gleichsam als Familienbetrieb die vielfältigen, in Gotteshaus und Gemeindehaus anfallenden Aufgaben. Als Mesner fand er Arbeitsfeld und Lebensgemeinschaft.

»Komm, folge mir nach – und sie ließen ihre Netze liegen.« Wenn das Netz im Herzen gewachsen ist, dann können wir weiterwachsen in unserer Berufung, auch wenn wir die sichtbaren Werkzeuge aus der Hand geben. Weitergewachsen ist in den Jahren des Ruhestands seine Berufung – fraglos helfend, beistehend, ergänzend, stellvertretend war er zur Stelle. Als ich – noch fremd hier – ihn im letzten Herbst erstmals traf, begegnete mir in den wenigen ersten Worten das Wesen seiner Einsatzfreude.

»Komm, folge mir nach« – die schon lange und durch Umbrüche gewachsene Berufung des Petrus, der einmal vom Netz weggeholt worden war, um an einem größeren Netz zu arbeiten – diesem Petrus gibt Jesus nochmals eine neue Berufung: Wenn du aber alt geworden bist, wird dich ein anderer gürten und dich führen, wohin du nicht willst. Ein anderes Netz bekam auch N. N. in die Hand – die Aufgabe, seine Krankheit anzunehmen und so weiterzuwachsen in seiner Berufung. Was Sie als Gattin, als Kinder, auf diesem Weg erfahren haben und was ich aus den Besuchen bei ihm wahrnehmen konnte, hat Herr N. seit dem offenen Ausbruch der schwelenden Krankheit den Anruf Jesu nochmals ganz neu vernommen, angenommen und ausgehalten.

»Komm, folge mir nach«, das Netz einer lebenslangen Berufung hat ihn durchgetragen im Sterben – und trägt Sie in der Trauer. Unsere Berufung endet nicht, verliert sich nicht. Sie bekommt nochmals eine andere Gestalt: »Deinen Tod, o Herr, verkünden wir, und deine Auferstehung preisen wir, bis du kommst in Herrlichkeit.« »Bis du kommst« – werden wir wie die Jünger als Fischer an unseren Netzen arbeiten – und können doch alles Habhafte und Erreichte »sein« lassen aus dem Vertrauen, bei ihm die Fülle zu finden.

Wir gehen wieder weg von dieser Stelle des offenen Grabes. Für die in N. N.'s Leben aufgeleuchtete Liebe können wir danken, wenn wir den Anruf seines Herrn und Meisters – im Leben und im Tod: Komm, folge mir nach – uns zu eigen machen, uns berufen und gesandt wissen von demselben Herrn.

GEBET

WAS WILLST DU, DAS ICH SEIN SOLL?

Du fragst mich, Herr, was ich sein möchte?
Ich habe oft darüber nachgedacht,
aber immer wieder fühlte ich,
daß ich keine Antwort darauf wußte.
In schwachen Stunden dachte ich an dies und das,
aber dann war ich nicht ganz ich selbst.
Solange nur mein Herr mir nahe ist,
habe ich kein anderes Verlangen,
als bei Ihm zu sein.
Sobald ich vom Berg ins Tal hinabsteige,
bewegen mich nichtige Dinge.

Du fragst mich, Herr, was ich sein möchte?
Dies ist meine Antwort:
Herr, sage mir, was Du willst,
das ich sein soll.

(M. A. Thomas)

GESTALTUNGSELEMENT

Das würdig, mit Blumen und Leuchtern geschmückte Lektionar kann bei der Beerdigung eines kirchlichen Mitarbeiters die Berufung durch »Jesu Wort« kennzeichnen. Evtl. auch ein »Netz«, das mit einer eingeflochtenen roten Rose davon spricht, daß uns unsere Berufung oft dorthin führt, wo wir nicht hinwollten: zu Aufgaben, die wir uns nicht einfach ausgewählt haben, sondern die uns gestellt sind.

Robert Widmann

Angesehen

Für einen, der im öffentlichen Leben
Verantwortung getragen hat

SCHRIFTTEXT

Joh 15,1–17

ANSPRACHE

Bewußt habe ich diese siebzehn Verse aus dem fünfzehnten Kapitel des Johannesevangeliums vorgelesen. Sie scheinen mir für Sie, verehrte Familie N. N., in diese Stunde des Abschieds aufgeschrieben zu sein. Gottes Wort kann mehr sagen, als wir Menschen ausdrücken wollen. Gottes Wort trifft dort, wo wir Menschen verstummen und lieber ehrfurchtsvoll schweigen.
In diesen Tagen wurde mir noch deutlicher, wer er war. Sein Leben war ein Leben für andere – in Familie und Beruf. Im täglichen Einsatz in der eigenen Firma hat er anderen gedient, damit die Väter und Mütter das tägliche Brot verdienen können und eine sichere Stellung haben. Unternehmer sein hieß für ihn: Da sein für andere. Die eigenen Ideen und das eigene Können einsetzen und fruchtbar machen für viele und eigenes Können immer noch mehr herausfordern, damit es auf der anderen Seite nicht weniger wird und zu bedrohlichen Verlusten kommt. Oft kann binnen weniger Wochen der Existenzkampf bedrohlich werden. N. N. hat sich nicht geschont, wir wissen es, auch als die lebensbedrohende Krankheit seine Kräfte in Schranken verwies. In der Verantwortung des Alltags hat er sein Christsein gelebt im Sinne jenes Christus, der uns darauf hinweist, daß all unser Tun und Können nur dann fundiert ist, wenn wir mit ihm als glaubende Menschen verbunden sind wie die Rebe mit dem Weinstock. Bei ihm sind unsere Wurzeln auf fruchtbarem Boden. Getrennt von ihm können wir nichts vollbringen. Aber in Verbindung mit ihm wächst reiche Frucht, die Frucht der Liebe, die die Erfüllung des Lebens ist.
Über solchem Leben leuchtet die Verheißung dessen auf, der ganz für andere da war – Christus, der von sich selber gesagt hat,

daß es keine größere Liebe gibt, als wenn jemand sein Leben einsetzt für die anderen.

Der, dem wir Menschen unser Leben verdanken, vor dem wir uns verantworten müssen, in dessen Händen unsere Zeit ist, er hat es nun verfügt, daß dieses Leben frühzeitig zu Ende geht. Und wir erfahren erneut: Unser Leben steht uns nicht zur Verfügung, es ist ein Geschenk auf Zeit.

Für Sie, werte Angehörige und Freunde, bleibt ein Schmerz, der tief geht und Zeit braucht. Etwas lindern möge dieser Schmerz die Dankbarkeit vieler Menschen, die an der Frucht dieses Lebens und Ringens und Kämpfens und Schaffens teilhaben durften.

So müssen wir den geliebten Menschen nun hergeben, in die Erde senken wie das Weizenkorn. Auch das ist ein Bild aus der Heiligen Schrift. Wir tun es in Trauer und Schmerz, aber auch in Dankbarkeit für alles, was wir empfangen haben, und in der Gewißheit, daß er, der jetzt nicht mehr bei uns ist, dort sein wird, wo alle Trauer in Freude, die Hoffnung in den Besitz und der Glaube ins Schauen sich verwandelt. In die Freundschaft Gottes darf er nun ganz einkehren.

Uns bleibt das Vermächtnis dieses Lebens, das ja auch ein Vermächtnis des in unserem Bibeltext Abschied nehmenden Herrn und Heilands ist: »Dies trage ich euch auf: Liebt einander!« (Joh 15,17)

GEBET

Herr Jesus Christus, du bist der wahre Weinstock, und wir sind die Rebzweige.

Von dir kommt unsere Kraft, unser Vermögen, unser Können.

Wir danken dir für die reichen Gaben, die du unserem verstorbenen N. N. geschenkt hast.

Wir danken dir, daß er diese Gaben zum Wohl vieler eingesetzt und sich nicht geschont hat.

Wenn wir jetzt durch den Tod von ihm getrennt sind, laß uns vertrauen, daß keine Macht der Welt uns trennen kann von dir, dem wahren Weinstock.

Rufe du unseren Verstorben zum Mahl der Freude des ewigen Lebens. Laß du ihn nun einstimmen in das Halleluja der Geretteten

und Erlösten. Laß du ihn vollendet sein in der Liebe, die du denen verheißen hast, die dir dienen. Dir sei Ehre und Dank in
Ewigkeit. Amen.

GESTALTUNGSELEMENT

Weinlaub am Grabkreuz in Form eines Kranzes gebunden.

Hans Nagel

Kirchenfern

Für einen aus der Kirche ausgetretenen Menschen

Als 72jähriger gestorben, hatte N. N. testamentarisch die Überlassung seines Körpers zu medizinischen Forschungszwecken und die anschließende Verbrennung verfügt. Die Urnenbestattung fand also erst eineinhalb Jahre nach seinem Tod statt. Aus der Kirche ausgetreten war er aus einer konkreten Begebenheit heraus – um der Ehrlichkeit willen, wie seine Tochter erzählte.

SCHRIFTTEXT

Joh 11,32–45

ANSPRACHE

»Lazarus, komm heraus!« sagt Jesus, und der Verstorbene kommt heraus. Eine auf N. N. wohl kaum anwendbare Situation. Lazarus war erst vier Tage im Grab, als Jesus kam und diese Worte sprach. N. N. ist bereits seit eineinhalb Jahren tot. Nach jüdischer Tradition hatte man die sterbliche Hülle des Lazarus in eine Grabhöhle gelegt und diese mit einem Stein verschlossen. Heute steht eine Urne vor uns, die uns an N. N. erinnert und die wir der Erde übergeben wollen. Kann uns die Lazarus-Geschichte dann überhaupt noch weiterhelfen? Vieles paßt doch einfach nicht mit unserer Wirklichkeit zusammen! Wie könnte man im Fall von N. N. – abgesehen davon, daß seine sterbliche Hülle auf seinen eigenen Wunsch hin zunächst der Forschung und dann dem Feuer übergeben wurde – überhaupt noch rufen: N., komm heraus! Wollten wir das, jetzt, nach eineinhalb Jahren? Haben wir uns nicht schon an seinen Tod gewöhnt? Haben wir nicht bereits mit der durch seinen Tod entstandenen Lücke zu leben begonnen?

Was wir heute tun, ist so gar nicht mit dem zu vergleichen, was damals in Betanien geschah, als Lazarus starb und die Leute seine beiden trauernden Schwestern trösteten. Gewiß, auch wir trauern, auch heute noch, nach eineinhalb Jahren. Vieles wird wieder hochgekommen sein in den vergangenen Tagen, und vieles wird uns jetzt, in dieser Stunde, da wir N. N. bestatten, neu bewegen. Mancher wird auch erneut damit umzugehen haben, daß der Verstorbene testamentarisch verfügt hatte, zunächst der medizinischen Forschung zur Verfügung zu stehen. Es ist nicht einfach, sich so etwas vorzustellen, auch wenn andere dafür dankbar sind und eine solche Entscheidung einen unschätzbaren Wert für die lebenden, mit Krankheiten kämpfenden Menschen darstellt.

Aber diese Entscheidung gehört zum Wesen von N. N. Aus Ihren Erzählungen, liebe Frau N., habe ich entnehmen können, daß er bis in die letzte Faser seines Daseins hinein »ein Mensch für andere« war: Ob dies nun seinen Beruf betraf, seine Familie, seine Freundschaften, seine Naturverbundenheit oder seine Liebe zur Volksmusik – immer ging es ihm darum, sich einzusetzen für eine gute Sache, für einen Wert, den er erkannt hatte, eben für das, was ihm wertvoll erschien. So rückt er, von dem wir schon so lange Abschied genommen haben, noch einmal in den Mittelpunkt, denn erst jetzt – ganz typisch für N. N. – steht er dafür zur Verfügung; erst jetzt erlaubt er uns, ihn zu ehren und – denken wir an den Friedhof – in Ruhe zu lassen.

Unsere Situation ist also eine andere als die der Maria und der Marta. Maria und Marta müssen mit dem Tod ihres Bruders fertig werden. Ihre Geschichte ist eine Geschichte menschlicher Ohnmacht und Hilflosigkeit. Wir müßten sie ganz hören, statt, wie heute, nur einen Teil daraus zu lesen. Dann bekämen wir einen Einblick in all das Menschliche, das Hilflose, das in ihr und gewöhnlich auch in uns vorhanden ist. Denn unabhängig von unserer Situation jetzt tun wir uns häufig schwer im Umgang mit dem Tod. »Herr, wärst du hier gewesen ...« – gleich zweimal taucht dieser Ausruf auf. Das »Wärest du doch ...« und »Hätten wir nicht ...« sind ja oft genug auch unsere Worte. Und vorher, im ersten Teil der Geschichte, den wir heute nicht gelesen haben, wird eine typische Verdrängung beschrieben, der wir angesichts des Todes ebenso gern auflaufen: Vielleicht schläft er ja auch nur, vielleicht wird er ja auch wieder gesund (11,12)! Jesus muß die so Hoffenden mit der Wirklichkeit konfrontieren. »Unverhüllt«, heißt es, »sagte (er) ihnen: Lazarus ist gestorben.« Und so finden sie ihn bei ihrer Ankunft in Betanien bereits begraben.

Ob begraben oder verbrannt – es geht dabei nicht um den ursprünglichen Zustand eines Menschen, sondern um die Tatsache, daß er tot, wirklich tot ist. Für Johannes, den Evangelisten, ist das Grab die Stätte des Todes. Nicht nur der Leichnam des Verstorbenen liegt deshalb darin, sondern auch alles, was sonst an den Tod und das Gegenteil von Leben erinnert: die menschliche Hilflosigkeit und Ohnmacht, die unterschiedlichen Weisen, wie Menschen mit der Wirklichkeit des Todes umgehen, dieses Sich-etwas-Vormachen z. B. und das »Wärest du doch …« oder »Hätten wir …«. Johannes beschreibt solche Hilflosigkeiten als »Nacht«, dunkel und finster wie ein Grab. Doch es gibt noch etwas, das über alle noch so menschliche Hilflosigkeit hinausgeht; es muß nicht bei der Nacht des Todes bleiben, bei jener Grabesstimmung, die nur Kälte und Verwesungsgeruch verbreitet – »Herr, er riecht aber schon«, sagt Marta im Evangelium. Und so läßt der Evangelist Licht hinein in diese Finsternis. Es ist Jesus, innerlich erregt über den ihn umgebenden Unglauben, der keinen Trost finden kann bei Gott und sich mit verzweifelten Spekulationen zufrieden gibt.

»Nehmt den Stein weg!« Mit diesen Worten kommt das Licht ins Grab. Und durch sie soll Licht kommen, jetzt auch in unsere Situation. Die Stätte des Todes und des Unglaubens wird heller und damit freundlicher. Und wo Freundlichkeit ist, wo die Sonne zu scheinen beginnt – wir alle erleben das jetzt im Frühjahr –, da geht das Herz auf, da wird es warm, da kann Leben beginnen. Denken wir an die Natur, die aus ihrem Winterschlaf erwacht.

»Lazarus, komm heraus! Da kam der Verstorbene heraus; seine Füße und Hände waren mit Binden umwickelt, und sein Gesicht war mit einem Schweißtuch verhüllt. Jesus sagte zu ihnen: Löst ihm die Binden, und laßt ihn weggehen!«

Das ist es, was Jesus mitteilen will: Der Tod hat keine bleibende Qualität. So mächtig er auftritt und so ohnmächtig Menschen sich ihm gegenüber fühlen – Gott ist mächtiger. Er ist Licht, er ist Sonne, von ihm kommt Leben. Jesus nennt das »die Herrlichkeit Gottes«. Ganz am Anfang der Geschichte, in jenem Teil, den wir heute nicht gelesen haben, antwortet Jesus auf den Hinweis, daß Lazarus, sein Freund, sterbenskrank ist: »Diese Krankheit wird nicht zum Tod führen, sondern dient der Verherrlichung Gottes: Durch sie soll der Sohn Gottes verherrlicht werden« (11,4). Und deshalb eilt Jesus nicht sofort nach Betanien, um noch rechtzeitig vor dem Tod dazusein, sondern er geht bewußt später (11,6); er will kommen, wenn die Nacht des Todes hereingebrochen ist, um sie zu besiegen und so den Menschen neue Hoffnung zu geben: »Viele der Juden«, heißt es am Ende der Geschichte, »kamen zum Glauben an ihn« (11,45). Und das bedeutet: Sie haben erfahren, daß der Tod besiegbar ist, daß Gott Leben bedeutet und nicht Tod und daß Jesus es ist, der Licht bringt und Leben im Auftrag Gottes.

Diese Erfahrung möchte ich Ihnen heute, am Tag der Bestattung N. N., weitervermitteln. Ich denke, daß dies ganz in seinem Sinne ist. Er hat die Herrlichkeit Gottes gesucht in der Herrlichkeit der Natur. Als er aus einem Konflikt heraus, der Ehrlichkeit halber, seinen Kirchenaustritt erklärte, bedeutete dies für ihn keinen Bruch mit seinem Schöpfer. Im Gegenteil: Mehr als vorher suchte N. N. im Sinne des liebenden, für uns daseienden Gottes das Dasein für andere. Und seine Entscheidung, nach seinem Ableben noch einmal dazusein für andere, für die Kranken, für die medizinische Forschung, kommt – ich sage das ohne Übertreibung – dem nahe, was uns Gott durch Jesu Weg, durch sein in Freiheit auf sich genommenes Leiden und Sterben zeigen will. So gesehen, ist N. N. in die Nachfolge Jesu eingetreten, und so wird er – das dürfen wir als Christen glauben – ihm auch in jenes neue, ewige Leben folgen, in das Jesus seinen Freund Lazarus gerufen hat.

Wenn wir N. N. ehren wollen, dann sollten wir uns dabei nicht allein auf das beschränken, was er in seinem Leben und über seinen Tod hinaus Gutes getan hat. Wir sollten auch das Zeugnis seines Glaubens sehen, sollten uns auf unsere Taufe, auf unsere christliche Existenz besinnen und einer fragenden, nach Sinn suchenden Menschheit durch unsere Lebensweise zeigen: Gott geht weiter, als wir Menschen es können; bei ihm gibt es Licht und nicht Finsternis; bei ihm gibt es Leben und nicht Tod. Also tun wir, was Jesus uns vorgelebt hat: Bringen wir Licht in das Dunkel der Welt und Leben dorthin, wo das Gegenteil der Fall ist. Überlassen wir die Binden und Schweißtücher, die Asche und die Urne der Finsternis des Grabes und der Welt des Todes; jenseits davon aber laßt uns wie Jesus, wie Lazarus und – so glauben und hoffen wir – wie N. N. hineingehen in das Leben, von Gott geleitet.

GEBET

Vater des Erbarmens, in deinen Händen liegt unser Leben. Wir haben seinen Anfang nicht selbst bestimmt, wir können sein

Ende nicht bestimmen. Du hast N. N. das Leben geschenkt, in der heiligen Taufe dir zu eigen erkoren und aus diesem Leben gerufen. Wir befehlen ihn nun deiner großen Liebe und Barmherzigkeit. Wir bitten dich: Sieh nicht auf seine Sünden und vergilt ihm nicht nach dem, was er unrecht getan hat. Sieh vielmehr auf seine Selbstlosigkeit und segne die Liebe und Treue, die er seinen Mitmenschen geschenkt hat – sogar noch nach seinem Tod. Führe ihn zur Herrlichkeit der Auferstehung durch Christus, unsern Herrn.*

GESTALTUNGSELEMENT

Nach der Ansprache und einer kurzen Zeit des Verweilens:

Das österliche Licht brennt hier, wo die Urne steht. Es vertreibt die Finsternis des Todes. Es leuchtet aus das Dunkel des Grabes. Es ruft heraus aus der Nacht, die uns niederdrückt. Christus leuchtet in ihm. Christus, der auferstanden ist, der Licht ist, das keinen Abend kennt. »Christus, wenn der Himmel brennt«, heißt es in einem Lied, »und dein Zeichen groß aufsteiget, führ uns heim aus dem Gericht in dein Licht« (GL 668,4). In dieser Hoffnung laßt uns nun gehen und N. N. zum Grab tragen.

Joachim Pfützner

---

* Katholisches Bistum der Alt-Katholiken in Deutschland, Die Feier der Bestattung. Manuskriptdruck, Bonn 1991, S. 6.

Nach dem Anlaß
des Gottesdienstes

Ihre Werke soll man loben

Verabschiedung im Krankenhaus

SCHRIFTTEXT

Spr 31,10.15–21.25–31

ANSPRACHE

Ihre Mutter und Großmutter war eine außergewöhnliche Frau. Das wissen Sie, liebe Angehörigen, schon lange. Ich weiß es, seit ich ihr hier im Krankenhaus zum ersten Mal begegnet bin. Ich erinnere mich genau, wie sie mich mit prüfenden Augen ansah. Sie wollte sich wohl erst ein Bild von meiner Vertrauenswürdigkeit machen. Dafür, daß wir dann bald zusammengefunden haben und eine intensive Begleitung beginnen konnte, bin ich überaus dankbar. Die Begegnung mit ihr hat mir sehr viel gegeben. Wie ich aus den Gesprächen mit Ihnen weiß, können Sie das alle, natürlich in einem noch viel größeren Ausmaß, auch von sich selber sagen. Auch das Pflegepersonal, die Ärztinnen und Ärzte, die Besucher und die Bettnachbarinnen haben alle gleich gespürt, welch wohltuende Ausstrahlung von ihr ausging.

So habe ich eben mit Bedacht einige Verse aus dem sogenannten »Lob der tüchtigen Frau«, mit dem das Buch der Sprichwörter im Alten Testament schließt, vorgelesen. Immer wieder, wenn mir Ihre Mutter und Großmutter von ihrem gleichermaßen schweren wie auch reichen Leben erzählte, ist mir dieser Text durch den Kopf gegangen. Ja, »ihre Werke soll man ... loben«, genauso wie es im letzten Vers unseres Bibelwortes von der tüchtigen Frau gesagt wird. Dabei ist mir wohl bewußt, daß übertriebenes oder aufgesetztes Lob fehl am Platz ist, ja, schlicht peinlich wirkt. Doch was Ihre Mutter, Großmutter und Urgroßmutter betrifft, können wir da nichts falsch machen.

Wenn ich nur daran denke, mit welcher physischen und psychischen Anstrengung sie die bittere und brutale Vertreibung aus der geliebten Heimat auf sich nehmen und bewältigen mußte, allein, ohne den Ehemann, der im Krieg geblieben ist, ihre drei kleinen Kinder auf den Armen, ihre betagten Eltern und die pflegebedürftige Tante an den Händen! Und wenn ich daran denke, mit welchem Einsatz und mit welchem Gottvertrauen sie den schweren, mitunter demütigenden Neuanfang hierzulande in Angriff nahm, kann die Hochachtung vor dieser Leistung und vor dieser Hingabe nicht groß genug sein. Nein, nichts war ihr für das Wohlergehen ihrer Familie zuviel. In der Tat: »Auch des Nachts erlischt ihre Lampe nicht.« Es ist fast unglaublich, was sie mit ihren eigenen Händen alles gewebt, genäht, gestrickt oder auf andere Weise gefertigt hat. Und in wenigen Jahren konnte sie mit der ganzen Familie ins eigene Häuschen ziehen und ein gut Teil vom Ertrag des Gartens leben. Nicht zu vergessen, was sie an Überlegungen, an Geld und Mühe investiert hat, um Ihnen, den Kindern, eine den Begabungen und Neigungen entsprechende Ausbildung zu ermöglichen.

Bei aller Sorge für die Familie hat sie stets ein Herz für andere gehabt. Solidarisch sein mit den Schwachen und Bedürftigen war ihr ein Anliegen bis ins hohe Alter hinein. Sie hat nie ein Blatt vor den Mund genommen, wenn es darum ging, die Dinge beim Namen zu nennen. So aufrecht, wahrhaftig und eigenverantwortlich habe ich sie auch in den Wochen ihrer schweren Krankheit hier erlebt. Von allen Seiten wurden ihr Achtung und Wertschätzung, von vielen sogar herzhafte Zuneigung entgegengebracht. Bei ihr hat sich voll und ganz bewahrheitet, daß die Würde des Menschen unantastbar ist, auch im Sterben. Und jeder, der vor ihrem Krankenlager stand, hat gespürt, wie groß die Ernte dieses in langen Jahren gereiften Lebens ist. So dürfen wir und Sie, die Familie, ganz besonders dankbar sein für den äußerlich sichtbaren und für den inneren Ertrag ihres Lebens. Dafür dürfen wir sie, weiß Gott, preisen!

Jahrzehntelang war sie der Mittelpunkt ihrer Familie. Sie liebte es, wenn an Fest- und Feiertagen die ganze Sippe beieinander war, wie zuletzt an ihrem 90. Geburtstag vor einem halben Jahr. Mit Dankbarkeit, wie sie mir sagte, und ein wenig mit Stolz hat sie dann auf die Schar ihrer drei Kinder, sieben Enkel- und inzwischen elf Urenkelkinder geschaut. Allein schon ihr Dasein genügte, um den Zusammenhalt und das Füreinander innerhalb der Großfamilie zu gewährleisten. Ihre Person wirkte als unsichtbares Band, durch das alle miteinander verbunden waren. Und wenn unvermeidliche Konflikte auftraten, tat sie alles, um Ausgleich zu schaffen und Versöhnung zu ermöglichen. Sie wissen es alle. Die Einheit der Sippe – bei aller Verschiedenheit der einzelnen Familien – war ihr ein und alles.

Ja, Ihre Mutter und Großmutter war wirklich eine außergewöhnliche Frau. Der Abschied von ihr fällt schwer, der Schmerz des Verlustes tut weh. Und doch wird sie in Ihrer Erinnerung und in Ihren Herzen weiterleben. Nach der Zeit der intensiven Trauer vielleicht bewußter und gegenwärtiger, als es bisher unter der Last der Lebensumstände möglich war. Ich wünsche Ihnen, jeder und jedem von Ihnen, daß Sie ihr ganz nahe bleiben und daß sie zu einer inneren Begleiterin und Beraterin für Sie wird auf den oft steinigen Wegen Ihres eigenen Lebens. Eine solche Präsenz ist tatsächlich möglich. Und Sie werden entdecken, wie sehr Sie aus dem Erbe Ihrer lieben Verstorbenen leben und schöpfen können.

Ein letztes. Bewahren Sie es als Vermächtnis Ihrer Mutter und Großmutter in Ihren Herzen: Glaube, Hoffnung und Liebe sind die Werte, für die es sich lohnt zu leben und zu sterben.

GEBET

Guter Gott, du bist der Ursprung und das Ziel des Lebens.
In diesen Stunden hat unsere geliebte Mutter und Großmutter die Grenze des Todes überschritten.
So nehmen wir schweren Herzens Abschied von ihr.
Doch finden wir Trost in dem Gedanken, daß alles, was ihr Leben reich und schön gemacht hat, aufgehoben ist in deiner Liebe.
Herr, wir bitten dich um die Kraft, loslassen zu können, sie freizugeben in deine Hand.
Hilf uns, daß wir unsere Trauer zulassen können, ohne in ihr zu versinken.
Laß stille Dankbarkeit wachsen auf dem Grund unserer Tränen im Wissen, daß wir in überreichem Maße beschenkt worden sind von ihr, der Perle unserer Familie. Denn »Kraft und Würde sind ihr Gewand«.
Dafür preisen wir sie und preisen dich, der du sie geschaffen hast nach deinem Bild. Amen.

GESTALTUNGSELEMENT

Anläßlich der Feier des 90. Geburtstages von Frau N. N. wurde ein Photo mit sämtlichen Mitgliedern der Großfamilie gemacht.

Bei jedem Besuch sah ich es auf ihrem Nachttisch stehen. Immer wieder hat sie es mir stolz gezeigt und zu jeder Person etwas gesagt.

Während der Verabschiedungsfeier mache ich darauf aufmerksam, zeige den zahlreich anwesenden Familienmitgliedern das Bild. Vor dem Hintergrund eines alten Baumes mit herrlicher Blütenpracht im Mittelpunkt ist das 90jährige Familienoberhaupt zu sehen, umgeben von ihren Kindern, Enkeln und Urenkeln.

Ich deute es als Ausdruck der Einheit dieser Familie und als Symbol des Lebens überhaupt, das Empfangen und Geben, Ergreifen und Loslassen, Einkehren und Aufbrechen, Für-sich-Sein und Mit-anderen-Sein, Sterben und Auferstehen zugleich ist.

Wolfgang Kramer

Des Menschen Tage sind wie Gras

Am Bett eines gerade Verstorbenen im Krankenhaus

Je nach Situation im Zimmer des/der eben Verstorbenen ist es mir sehr wichtig, die ersten Reaktionen der Angehörigen auf- und anzunehmen. Ebenso braucht die Trauer (vielleicht auch der Schock) einen großen Raum des gegenseitigen Schweigen- und Weinenkönnens. Oft lasse ich die Angehörigen aus dem Leben des/der Verstorbenen erzählen; wir kommen ins Gespräch. Das hilft dem freien Gebet und der Trauer, einen sehr persönlichen Charakter zu verleihen. Behutsam erst frage ich, ob wir für den/die Verstorbene/n beten können.

SCHRIFTTEXT

Ps 103,15–16

ANSPRACHE

Tröstung suchen wir jetzt in diesem Augenblick, in dieser Stunde, an diesem Totenbett. Wir brauchen diesen Trost im Abschiednehmen: Trauer und Schmerz sind in uns eingekehrt. Der Trost hilft uns, den Schatten des Schmerzes auf unserem Herzen anzunehmen und zu begreifen. Wie sehr ist es in uns dunkel geworden!

Vieles wird wieder lebendig, was fast vergessen war, jetzt aber seine besondere Bedeutung erfährt: liebevolle Gesten für andere, gemeinsame Erfahrungen bei Reisen und Festen, Sorgen und Ängste um die Familie, Hoffnungen und Sehnsüchte für sich selbst.

Jetzt sind es Erinnerungen – eingegraben in unseren Herzen und heraufgeholt durch unsere Gedanken. Wir sehen all dieses nun als einen kostbaren und durch nichts mehr zu zerstörenden Schatz an.

Wir vertrauen darauf, daß davon nichts verloren geht und vor Gott alles seinen Bestand hat. Bei ihm, der Zeit und Leben mißt, ist auch unser Schmerz des Abschieds aufgehoben. Uns bleibt das Erinnern im Abschied; es bleiben die Botschaften an unser Leben: dem Leben in allem Hoffnung geben. Im Nichtvergessen die Verbundenheit aufrecht zu erhalten. In dieses gelebte Leben wie in ein reiches und schön bebildertes Buch zu schauen. Dank zu gewähren für dieses Leben, das es nun so für uns nicht mehr geben kann.

Auch wenn das Leben wie ein Aufblühen und Welken sein mag, so bleibt es gezeichnet von Gott her und damit ewig. Aus diesem Vertrauen heraus und in der Hoffnung, die uns in allem gegeben ist, können wir uns im Gebet des Herrn an ihn wenden, können klagen und auch unseren Schmerz laut werden lassen.

SEGENSGEBET

Es segne die Verstorbene Gott, der Vater,
der sie geschaffen hat.
Es segne sie Gott, der Sohn,
der sie erlöst hat.
Es segne sie Gott, der Heilige Geist,
der Trost ist in aller Not.

Es segne und behüte die Trauernden und uns Gott,
der allmächtige und barmherzige,
Vater, Sohn und Heiliger Geist.
Er, der Anfang und Ende,
Eingang und Ausgang, allen Lebens ist. Amen.

GESTALTUNGSELEMENT

Wenn Blumen oder ein Bild oder anderes zugegen sind (vom Nachttischchen), lege ich es auf das Bett und spreche dazu frei ein paar Gedanken.

Oft ist es eine Blume, die symbolisch der nicht einfachen Situation eine Deutung gibt! (vgl. Psalm 103,15–16) Oder es ist dies ein Holzkreuz (Überleitung zum Segen).

Joachim Harner

Das Herz der Familie

Am Bett einer gerade Verstorbenen

Frau N. war Hausfrau. Sie wollte nichts anderes sein, obwohl sie das Zeug zu anderen Berufen gehabt hätte. Sie hatte eine unglaubliche Ausstrahlung. Der Vater und die Kinder wußten das zu schätzen. 57jährig verabschiedete sich die Mutter von ihrer Familie.

SCHRIFTTEXT

Ps 91

ANSPRACHE

Oft sind wir beieinander gewesen während des langen Abschieds Ihrer Frau und Mutter. Nun haben Sie mich gerufen zum letzten Abschied. Gerade ist sie von uns gegangen. Ihre und unsere Situation ist eine andere. Die Zuordnung ist eine andere. Sie ist nicht mehr in dem Sinne »da«, wie wir sie bislang wahrgenommen haben: lächelnd, leidend, zuhörend, sprechend, uns umarmend, mitbetend. Wir haben ein anderes Verhältnis zu ihr: der von der Krankheit verzehrte, nun tote Leib, ist Hülle geworden. Wir werden ihn in den nächsten Tagen begraben.

Jetzt ist die Stunde der Übergabe. Der Abschnitt des Hergebens wird eingeläutet. Bislang gehörte Ihre Mutter zu Ihnen, zu uns. Sie haben sie als Gatte über dreißig Jahre begleitet. Nie entzog sie sich der Erwiderung. Ihres Geleits waren Sie sicher. Als Sohn und Tochter habt ihr eure Mutter immer angetroffen. Sie wollte auf eurem Lebensweg nie ein Hindernis sein. Sie hat euch hergegeben. Die jeweiligen Stufen eures Lebens waren ihr wichtig.

In der irdischen Lebenszeit sollen wir einander Engel sein – obwohl uns Gott seine Engel zugedacht hat, daß sie uns führen und behüten auf unseren Wegen.

Der Sinn dieser Stunde des Abschieds wird vielleicht durch dieses Gedicht offenbar. Der englische Theologe und geistliche Schriftsteller Kardinal John Henry Newman (1801–1890) hat dem Engel, der den sterbenden Gerontius begleitet hat, diese Worte in den Mund gelegt:

Mein Werk ist getan,
Mein Amt ist vorbei.
So komm ich dann
Und bringe ihn heim,
Die Kron'er gewann.
Alleluja,
Für immer und ewig.

Mein Vater mir gab,
Daß ich ihn begleite,
Dies Kind der Erde
Seit seiner Geburt,
Daß ich ihn bewahre,
Alleluja,
Gerettet ist er.

Das Kind aus Lehm
Mir ward's gegeben,
Zu üben und führen
Durch Sorge und Pein
Auf schmalem Pfad,
Alleluja,
Zum Himmel empor.

(J. H. Newman)

Lebende und Verstorbene sind in Gottes Hand. In dieser Stunde bedürfen wir dieser Zusage besonders. Deshalb beten wir den Psalm 91 »Wer im Schutz des Höchsten wohnt« (Gotteslob 698).

GEBET

Gott, unser Schöpfer und Vater: Alles Leben kommt von dir. Alles Leben kehrt zu dir zurück. Wir übergeben dir das Herz unserer Familie. Nimm dieses Leben an und vollende es.

Jesus Christus, Sohn des Vaters, unser Lehrer und Erlöser: Du bist Weg, Wahrheit und Leben. Dein Wort ist uns Licht und Weisung. In deine Nachfolge hat sich unsere Mutter begeben. Sie hat sich dir anvertraut. Führe sie dem Ziel entgegen.

Geist des Vaters und des Sohnes: Ohne dich bleibt der Mensch Gott fern. Ohne dich bleibt das Wort Christi toter Buchstabe.

Durch dich sind wir Kraft der Taufe Kinder Gottes. Laß die Heimgegangene erfahren, was Gott mit ihr vorhat. Amen.

SCHLUSSGEBET UND SEGEN

Großer Gott, guter Vater, du hast uns einander gegeben. Wir danken dir für einen Menschen, der die Seele unserer Familie war: dem Vater eine treue und kluge Lebensgefährtin, uns Kindern eine lebensfrohe und mutmachende Mutter. Wir alle bedeuteten ihr viel. Du hast sie von uns genommen. Wir geben sie her – traurig.

Schenke unserer Mutter die Fülle ihres Lebens, an dem sie uns großzügig hat teilnehmen lassen. Nimm in deine Hand, was gut gewesen ist. Nimm in deine Hand auch alles Unfertige. Wann immer wir voreinander schuldig geworden sind – vergib!

Wir wissen uns auch in dieser Stunde in deiner Obhut. Dein Segen begleite uns durch die kommenden schweren Tage und Zeiten.

Der Herr segne und behüte euch.
Auch im Dunkel zeige er euch sein Antlitz.
Den Lebenden und Toten schenke er seinen Frieden.
Das gewähre euch der Vater, der Sohn und der Heilige Geist.
Amen.

GESTALTUNGSELEMENT

Christen stehen in der Gemeinschaft der Heiligen. Ihrer Nähe dürfen wir in dieser Stunde sicher sein.

Heilige Maria, Mutter Gottes, du hast Jesus Christus geboren, ihn auf seinem Lebensweg begleitet bis zum Tod am Kreuz. Als Auferstandener hat er dich in den Himmel aufgenommen:
Bitte für die Heimgegangene bei deinem Sohn, daß sie teilhabe an der Freude der Heiligen!

Heiliger Erzengel Michael, du Kämpfer für die Ehre Gottes:
Schütze unsere Verstorbene vor den Mächten und Gewalten des Bösen!

Heiliger Vater Abraham, aus dir ist das Volk Gottes hervorgegangen:

Gedenke unserer Toten, die vom Glauben ins Schauen gegangen ist!

Heiliger Johannes der Täufer, du Vorläufer Jesu:
Zeige unserer Verstorbenen das Lamm Gottes, das alle Sünde wegnimmt!

Heilige Apostel Petrus und Paulus, ihr treuen Zeugen Jesu Christi:
Erbittet das ewige Leben für sie, die im Glauben an das Evangelium gestorben ist!

Heilige Theresia, du Leidenschaftliche für den großen Gott:
Bleibe die Patronin unserer Mutter in dieser Stunde ihres Abschieds von dieser Welt!

In Gemeinschaft mit allen Heiligen laßt uns beten, wie Jesus uns anvertraut hat, mit Gott zu sprechen: Vater unser ...

Heribert Feifel

Zurückgenommen

Urnenbeisetzung mit oder ohne kirchliche/n Beauftragte/n

SCHRIFTTEXT

Gen 2,4b–7

ANSPRACHE

Auf dem Ackerboden stehen wir um ein Grab. Wir stehen zusammen, um unsere Schwester N. N. (unseren Bruder N. N.) zu beerdigen.
Die Erde ist wie eine Mutter, aus ihr sind wir geboren, solange wir leben, trägt sie uns. Wenn wir sterben, kehren wir zurück in ihren Schoß.
Auch Gott ist wie eine Mutter, von ihr kommen wir her und zu ihr gehen wir hin.
Von der Erde und aus Gott werden wir geboren, von der Erde und von Gott werden wir wieder zurückgenommen.
Wir übergeben die Urne unserer Schwester N. N. (unseres Bruders N. N.) der Erde. Wir lassen sie hinab in die fremde Nacht.
Wir müssen loslassen, gehen lassen, und bleiben selber hier.
Wir übergeben unsere Schwester N. N. (unseren Bruder N. N.) dem mütterlichen Gott. Wir lassen sie/ihn gehen in den fremden Tag. Wir lassen sie/ihn los und hoffen, daß Gott nicht losläßt, daß er unsere Schwester (unseren Bruder) hält.

Wir hören das Wort Gottes:

Zur Zeit, als Gott Erde und Himmel machte, gab es auf der Erde noch keine Feldsträucher und wuchsen noch keine Feldpflanzen; denn Gott hatte es auf die Erde noch nicht regnen lassen, und es gab noch keinen Menschen, der den Ackerboden bestellte; aber Feuchtigkeit stieg aus der Erde auf und tränkte die ganze Fläche des Ackerbodens. Da formte Gott den Menschen aus Erde vom Ackerboden und blies in seine Nase den Lebensatem. So wurde der Mensch zu einem lebendigen Wesen.
(Gen 2,4b–7)

GEBET

Gott,
Schöpfer der Erde
und Mutter des Lebens,
wir bitten dich für N. N.,
nimm sie/ihn auf in deine Verborgenheit,
umschließe sie/ihn mit deinem Leben,
und berge sie/ihn in deiner Kraft.
Laß sie/ihn ruhen in der Erde Frieden.
A und das ewige Licht leuchte ihr/ihm.
L Laß sie ruhen in Gott.
A Amen.

GESTALTUNGSELEMENT

Leiter/in nimmt Erde und wirft sie in das Urnengrab. Alle Anwesenden vollziehen diese Zeichenhandlung. Sie können die Erde mit einer Schaufel oder mit den bloßen Händen nehmen.

Eine/r kann sprechen:
Nach und nach bedeckt die Erde das Grab,
nach und nach fließen die Tränen.
Sie fließen zur Erde und tränken sie.
Die Erde hält an
und steht still.

Nach und nach vergeht das Jahr,
nach und nach versiegen die Tränen.
Die Erde läßt wachsen und bringt Neues hervor.
Das Leben geht weiter
und fängt wieder an.

Christiane Bundschuh-Schramm

Gib Wurzeln mir

Trauergottesdienst nach drei Monaten

Trauergottesdienst für Menschen, deren Angehörige in den letzten drei Monaten gestorben sind. Eingeladen wird in eine sowieso stattfindende Werktagsmesse. Vorbereitet wird der Gottesdienst zusammen mit einer Gruppe von »Trauerfrauen«, die anschließend zu einem Beisammensein bei Tee einladen.

SCHRIFTTEXT

Jer 17,7f

Sieger Köder, Stumpf Isais

ANSPRACHE

Bitte nehmen Sie das Bild, das Ihnen ausgeteilt wird, zur Hand. Vielleicht lassen Sie es einen Augenblick lang einfach auf sich wirken. Starke Kontraste prägen dieses Bild von Sieger Köder. Dunkel und hell – dürrer Wurzelstock und knospende Rose.

Der Wurzelstock in dunklem Braun, durchzogen von schwarzgrauen Linien wirkt dürr und leblos, abgeschnitten. Der Baum, den er einmal getragen hat, ist umgehauen worden.

Aber in der Mitte diese Wurzelstocks wächst eine Rose heraus, eine Rose mit langem grünen Stiel, saftig grünen Blättern und einer prallen roten Knospe. Fast provozierend steht sie da – prachtvoll lebendig inmitten des abgeschnittenen Baumstumpfes.

Licht fällt von oben auf die Rose, durchbricht das Dunkel, das rechts und links davon zu sehen ist. In diesem Licht bilden sich auch die Farben der Rose auf dem Baumstumpf ab: vor allem das Rot der Knospe, aber auch als ganz feines Äderchen links auf der Wurzel das Grün der Blätter.

Sicher kennen Sie die Erfahrung der Dunkelheit. Nichts ist mehr farbig, wenn ein lieber Mensch gestorben ist. Schwarz und Grau beherrschen das Leben, wie hier links und rechts auf dem Bild.

Alles ist wie abgeschnitten, so wie der Baum, von dem nur noch der Wurzelstock geblieben ist. Der kräftige Wurzelstock erinnert daran, daß es hier einmal einen Baum gegeben hat. Er muß der Wurzel nach zu schließen groß und kräftig gewesen sein.

Vielleicht ist es so mit dem Menschen, den Ihnen der Tod genommen hat. Er wurde von seinem Platz hier im Leben brutal abgeschnitten.

Aber eine Wurzel von ihm bleibt, etwas von dem, wie er war, etwas von dem, was ihn getragen hat, etwas von dem, was ihn ausgemacht hat. Das, was Sie mit diesem Menschen erlebt und erfahren haben, bleibt. Das kann Ihnen niemand nehmen, nicht einmal der Tod.

Warmes, weiches Licht fällt von oben auf den Wurzelstock und erhellt ihn. Vielleicht haben auch Sie schon in letzter Zeit inmitten von all dem Dunkel »Lichtblicke« erlebt, sei es durch ein gutes Wort, eine Begegnung, ein Sich-getragen-Wissen von Gott. Einfach etwas, das spürbar werden läßt: Es gibt nicht nur das dunkle Traurige, es gibt auch Hoffnung und Wärme.

Und in diesem Licht von oben erstrahlt in prachtvoll lebendiger Schönheit eine Rose. Sie wächst mitten aus dem Wurzelstumpf heraus. Eine Knospe kurz vor dem Aufblühen. Wie triumphierend steht sie da und leuchtet in einem maßlos lebendigen Rot und Grün. Und im Licht färben diese Farben ab auf den Wurzelstock. Ist das nicht wie ein Triumph des Lebens über den Tod? Ein provozierendes »Dennoch«. Leben ist auch in so einer Situation wieder möglich, so unerwartet das zunächst scheinen mag.

Vielleicht kann auch aus dem Wurzelstock, den der verstorbene Mensch bei Ihnen hinterlassen hat, eine wunderschöne Rose wachsen. Ich wünsche es Ihnen!

GEBET

Ich dürste nach Leben

Regenschwer
der Himmel,
alle Farben
verschlungen
vom Düstergrau.
Auf menschenleeren Wegen
bedroht dich
des Waldes Schwärze.
Nicht auszudenken,
daß die entlaubten Bäume
je wieder knospen sollen.
Eisiger Wind
reißt raubvogelgleich
jede Hoffnung
mit sich fort.

So erfahre ich
mein Leben, Herr,
grau, entfärbt, trostlos.
Einsam gehe ich meinen Weg
voller Sehnsucht
nach Wärme, nach Licht,
nach Hoffenkönnen.
Einem entlaubten Baum
bin ich gleich,
der nur den Winter kennt.

O Herr,
ich möchte meine Wurzeln
tief hineinsenken
ins Erdreich deiner Liebe.
Wenn die Kraft deines Geistes
mich durchströmt,
kann meine Erstarrung
sich lösen,
kann ungeahntes Leben
hervorbrechen,
und was ich jetzt
als undurchdringliches Grau erlebe,
wird durchlichtet sein.
Ich werde wieder atmen können,
weil du
mich lebendig machst.

(Sabine Nägeli)

SEGENSGEBET

Die Kraft aus der Tiefe der Erde durchströme dich, wie der Saft
im Frühjahr die Bäume blühen läßt.
Die Kraft aus den Höhen des Himmels senke sich auf dich wie
Tau in der Nacht, der die Erde durchfeuchtet.
Die Kraft Gottes schütze dich, erfülle dich, öffne dich.

GESTALTUNGSELEMENTE

Zur Einleitung und zum Kyrie wird ein trockener Zweig gezeigt.
Bei der Gabenbereitung werden blühende Zweige auf den Altar
gestellt.
Zur Ansprache und Bildbetrachtung wird das Bild von Sieger Kö-
der, Stumpf Isais ausgeteilt (im Rottenburger Kunstverlag VER
SACRUM als Meditationsbild erhältlich. Bestell-Nr. 854D).
Lied zum Abschluß: »Freunde, daß der Mandelzweig«

Ulrike Altherr/Wolfgang Knor,
zusammen mit einer Gruppe von Frauen aus Herrenberg

Tröstet einander mit diesen Worten

Feier zum allgemeinen Totengedenken in der Gemeinde

SCHRIFTTEXT

1 Thess 4,13–18

ANSPRACHE

Die Bilder, die Paulus verwendet, stammen von einem vergangenen Weltbild. Die Wahrheit seiner Botschaft ist heute wie damals aktuell. Sie gipfelt in dem Satz: »Wir werden immerdar beim Herrn sein. Tröstet einander mit diesen Worten.«
Keine Rede von Hölle, Fegfeuer oder auch nur Gericht. Es heißt einfach: »Wir werden beim Herrn sein.« Das ist für mich eine wunderbare Gewißheit, die ich schon ein paarmal gemacht habe, als meine Eltern und zwei meiner Geschwister starben. So verschieden die Art des Todes jeweils war, ich spürte in mir die Gewißheit: Jetzt sind sie dir näher als je zuvor, weil sie bei Gott sind. Ich weiß, nicht alle Menschen haben dieses Gefühl. Deshalb sprechen ja auch viele vom Abschied, sie reden von den Toten. Mir geht es da anders. Ich bete dankbar die Worte der Präfation für die Verstorbenen: »Deinen Gläubigen, Herr, wird das Leben nicht genommen, sondern verwandelt.« Nicht vom Tod wird da gesprochen, sondern von Verwandlung.
Mich erinnert dies an eine tiefgreifende Begebenheit meiner Kindheit. Ich fand eines Tages eine Raupe und bat meinen Vater, mir eine Schachtel für sie herzurichten. Täglich fütterte sie ich sie und sie wuchs. Eines Tages lag sie wie tot da. Weinend ging ich zum Papa. Er tröstete mich und sagte: »Du mußt nur warten.« Tatsächlich! Zwei Tage später brach die Raupe auf, und ein wunderschöner Schmetterling flatterte aus der Schachtel. Zurück blieb die leere Hülle. »Das Leben wird nicht genommen, sondern verwandelt.« Deshalb gibt es eigentlich auch keine Toten, höchstens Verstorbene, noch besser: Verwandelte.
Natürlich schlaucht es uns, wenn der geliebte Mensch nicht mehr zur Tür hereinkommt. All die vertrauten Gesten, die uns

kostbar geworden sind, bleiben aus. Das schmerzt. Aber in unserem Herzen ist das nahe, was nie stirbt, weil es Gott selber ist: die Liebe.

Und das Fegfeuer? Mich spricht sehr jene Deutung an, die sagt: Im Augenblick des Sterbens sieht der Mensch sein ganzes Leben vor sich wie mit einem Zeitraffer. Dabei sieht er auch, wo immer er sich der Liebe Gottes gegenüber verfehlte. Dies schmerzt ihn. Aber es ist ein notwendiger, reinigender Schmerz, um danach der Liebe Gottes voll ins Antlitz schauen zu können. Das ist so, als ob wir aus einem dunklen Zimmer plötzlich ins gleißende Sonnenlicht treten; dies schmerzt unsere Augen, bis sie sich ans Licht adaptiert haben.

Und die Hölle? Sie ist ja der Zustand, wenn jemand sich radikal der Liebe Gottes gegenüber verweigert. Ich glaube, das kann nur ein Verzweifelter – und dies ist eine Situation, die meinem Urteil entzogen ist und in die unergründliche Barmherzigkeit Gottes gehört. Wer stirbt, wird in Gott hinein geboren, der außerhalb von Raum und Zeit ist. Deshalb gibt es auch kein Weiterleben im strengen Sinn des Wortes, weil das ja nicht ewig so weitergeht; es gibt ein endgültiges Einmünden in die liebende Gegenwart Gottes, die all unsere Vorstellungen sprengt. »Was kein Auge geschaut und kein Ohr gehört hat, hat Gott denen bereitet, die ihn lieben« (1 Kor 2,9).

Was ist mit der Angst vor dem Tod? Eigentlich bräuchten wir keine zu haben, und wir werden sie auch um so mehr verlieren, je eher wir im irdischen Leben Liebe erfahren und schenken. Wer liebt, hat den Tod überwunden. Das ist biblische Gewißheit (1 Joh), das ist Frohe Botschaft. Trösten wir einander mit ihr.

GEBET

Gott des Lebens und der Auferstehung. In dir sind wir geborgen – im Leben wie im Sterben. Bedrückt uns auch das Los des sicheren Todes, so tröstet uns die Verheißung künftigen Lebens; so beten wir und legen all unsere Sorge und Ohnmacht in deine Hände. Laß uns im irdischen Leben danach trachten, deine Liebe zu leben, damit wir im Augenblick des Sterbens uns zuversichtlich in deine Hand legen können. Denn bei dir sind wir geborgen für Zeit und Ewigkeit. Amen.

GESTALTUNGSELEMENT

sie hat nicht von sich reden gemacht
sie war in keinem verein
sie wurde geboren
besuchte die schule
welschland wie üblich
coiffeuse sodann
sie heiratete später
gebar ihm zwei kinder
verlor ihn wieder
und war wie man sagt
eine gute gattin und mutter

aber wer spricht
von der lustigkeit ihrer augen
wer redet davon
wie wohl es uns tat
nur schon die anmut zu sehen
mit der sie das haar
aus der stirne sich strich
oder wer erklärt
die magische kraft
ihrer einfachen worte
und wer beschreibt
den beweglichen zauber
der kleinen tüchtigen hände
oder wer lobt gott
für das geschenk
ihres herzhaften lachens?

sie hat nicht von sich reden
sie hat zwei oder drei männer
sie hat ihren gatten
sie hat ihre kinder
sie hat sich selber glücklich gemacht

und das
ist mehr als wir denken

(Kurt Marti)

Wolfgang Gramer

144

Die Stärkung in der Dämmerung

Gedenkgottesdienst am Jahrtag eines verstorbenen Angehörigen
oder von mehreren Verstorbenen

*Aus der Volksfrömmigkeit kennen wir den Brauch, den Jahrtag
als einen wichtigen und besonderen Gedenktag an den Verstorbenen zu feiern. Das geschieht häufig auch im Gebetsgedenken
(Intention), das bei der hl. Messe für den Verstorbenen gehalten
wird.*

*So wird der Jahrtag begangen als Erinnerungstag. Die Angehörigen
besuchen den Gottesdienst und das Grab. Sie nehmen sich vielleicht auch ein wenig Zeit, um miteinander über den Verstorbenen zu reden. Gemeinsame Erinnerungen werden aufgefrischt.
Die Person des Verstorbenen wird gewürdigt; vielleicht auch
manchmal humorvoll über sie gesprochen, ihre besonderen Stärken und Eigenarten, ihre Liebenswürdigkeit und ihre Besonder-
heit(en).*

*Der Jahrtag ist ein wichtiges Ritual in der Trauerarbeit, besonders
der erste Jahrtag, weil damit auch das »Trauerjahr« zu Ende geht.
Die Intensivphase des Trauerns wird damit auch allmählich und
bewußt abgeschlossen. Das bedeutet natürlich nicht, daß es damit
kein Trauern um den Verstorbenen mehr geben darf. Je näher einem ein Mensch war und je tiefer die Liebe, die einen mit ihm verbunden hat, um so weniger wird man ihn je vergessen können und
um so mehr wird er einem fehlen. Der Jahrtag ist eine Einladung,
Tod und Auferstehung Jesu und des Verstorbenen zu feiern.*

*Der Jahrtag läßt uns trauern und hoffen zugleich, er läßt dankbar
zurückblicken und zuversichtlich nach vorne schauen, er läßt
uns aufschauen zu unserem Gott, von dem aller Trost und alle
Hilfe kommen.*

SCHRIFTTEXT

Joh 21,1–14

ANSPRACHE

»Alles wirkliche Leben ist Begegnung«, dieses bekannte Wort
von Martin Buber könnten wir auch als Überschrift über das

eben gehörte Evangelium schreiben. Jesus begegnet seinen Jüngern. Sie kommen aus der Nacht, um sie und in ihnen ist es dunkel. Sie kommen aus der vergeblichen Mühe ihrer täglichen und nächtlichen Arbeit. Das äußere und deutlich sprechende Zeichen dafür sind ihre leeren Netze und im übertragenen Sinn ihre leeren Herzen. Wo alles ins Leere geht, wo nichts mehr geht, wo alles umsonst und so sinnlos erscheint. Das ist ihre und oft auch unsere Situation. Auch die Situation von Scheitern, Niederlagen und Trauern. Jesus steht am Ufer wie die aufgehende Sonne und bringt einen Lichtstrahl der Hoffnung in ihre trostlose Lage. Er spricht sie an mit einer bittenden Frage. »Habt ihr nicht etwas zu essen?« Sie müssen eingestehen, daß sie nichts mehr haben, von dem sie leben können, das sie nährt und stärkt, das kräftigt und aufbaut. Von seinem Wort geht eine neue Initiative aus, ihr Leben bekommt eine neue Richtung, ihr Tun eine neue Ausrichtung und Perspektive.

Auf sein Wort hin füllt sich das Netz, ihre Arbeit und das Herz. Aus seinem Wort kommt Sinn und Erfüllung für die alltägliche Arbeit, die vorher so dumpf und bodenlos und freudlos war.

Nach dem geglückten und erfolgreichen Fang steht Jesus wieder am Ufer und läßt erneut die Sonne aufgehen, er selbst ist ja die neue und unbesiegbare Sonne. Er erwartet sie, um sie zu stärken. Er hat ihnen bereits das Frühstück bereitet. Er lädt sie ein und fordert sie auf: »Kommt und eßt!« Hieß seine Einladung an die Jünger am Beginn des Johannesevangeliums »Kommt und seht!« (Joh 1,39), so schließt sich hier der Kreis mit dem letzten Kapitel und der Stärkung durch den Auferstandenen.

Jesus nimmt von dem, was die Jünger mitbringen. Er feiert mit ihnen Mahl. Er feiert mit ihnen Eucharistie mit dem Brot ihres Alltags. Es wird das genommen, was sie haben, und das Angenommene wird gewandelt und als etwas Kostbares und Dankenswertes angesehen und empfangen. Solche Wandlung, solche Wandlungsworte und Zeichen wirken im Herzen und wirken sich im Leben aus. Sie wirken befreiend und stärkend. Sie eröffnen einen neuen Zugang zum Leben und eine erleuchtende Sichtweise. So dämmert es in ihnen und nicht nur am Ufer des Sees von Galiläa.

Die neu geschenkte Sehkraft öffnet die vorher verschlossenen Augen und Herzen für das Unsichtbare, für das Wunderbare mitten in ihrem Alltag.

Wenn Menschen so mit ihrem Leben lernen umzugehen, wird das Gedächtnis und Vermächtnis Jesu heute zur alles verwandelnden Kraft im Innersten, die bis zum Äußersten reicht. Bis dorthin gilt es, die Leere, die Trost- und Sinnlosigkeit des Lebens anzunehmen, auszuhalten und zu bewältigen aus der Kraft seines Wortes, aus seinem Geist, mit seiner Hilfe. Dieses Wunder der Wandlung dürfen wir feiern bei jeder Eucharistie. Darin geschieht das Geheimnis der Annahme, des Dankens und des Teilens.

Die Wirkkraft dieser Begegnung verwandelt die Schwere und hebt sie auf. Sie setzt neue Kräfte frei und ermutigt zu neuem Vertrauen. Sie befähigt zur Überwindung des trostlosen und erdrückenden Zustandes. Sie ermöglicht neu Gemeinschaft und die damit verbundene Stärkung. Sie überwindet und besiegt die tödliche Resignation und führt zu einem neuen Aufbruch und Anfang.

Durch diese Begegnung werden die Karten im Spiel des Lebens neu gemischt, auch und gerade für diejenigen, die schlechte Karten haben. Der Auferstandene mischt sich selbst ein, damit die Verlierer und leer Ausgegangenen nicht abgeschrieben werden oder sich selbst aufgeben. Er setzt sich dafür ein, daß sie neu aufatmen und aufbrechen können. Durch ihn entdecken sie selbst in ihrem Alltag die Hoffnungszeichen und neuen Möglichkeiten. Sie erkennen ihn selbst im gebrochenen Brot und in der Mahlgemeinschaft. Gemeinsam sind sie den Herausforderungen des Lebens gewachsen und können ihre Belastungen und Niederlagen annehmen und bewältigen. In den Ursymbolen von Dunkelheit und Licht, von Feuer und Wasser, von Wort und Brot erkennen sie die Lebenszeichen seiner sonst unsichtbaren Gegenwart. Sie finden durch die Annahme und das Angesprochensein zur Antwort auf die bohrenden Fragen und quälenden Zweifel der sinnlosen Leere.

Solche Erfahrung ist auch uns zugedacht und möglich, wenn wir uns einlassen und rufen lassen, wenn wir ansprechbar sind in unserer Not für das eine Not-wendige; dann wird auch für uns das Ende zur Wende, dann beginnt auch im Dunkel unserer Trauer die Morgendämmerung der Auferstehung. Dann dürfen auch wir uns stärken und trösten lassen von dem, der letztlich allein wahren Trost schenken kann. So gesehen kann auch der Jahrtag eines lieben Verstorbenen zu einem kleinen Osterfest werden, das uns mit neuer Hoffnung erfüllt. So wächst auch in uns neue Lebenskraft, neuer Lebensmut und neue Lebensfreude. So bewahrheitet und erfüllt sich für uns das großartige Wort: Alles wirkliche und wahre Leben ist Begegnung.

GEBET

Gott unserer Lebenszeit.
Du hast die Menschen und die Zeit erschaffen. An einem Tag wie dem heutigen wird uns bewußt, wie schnell die Zeit vergeht und wie lang sie uns gleichzeitig vorkommen kann.
Wir begehen den Jahrtag unserer Verstorbenen N. N. Du hast sie (ihn) aus dieser Zeit zu dir in die Ewigkeit gerufen. In dankbarer Erinnerung sind wir ihr (ihm) (ihnen) über die Grenze des Todes hinweg verbunden. In der Hoffnung auf das Leben in deiner Vollendung ist sie (ist er) (sind sie) uns vorausgegangen.
In der Gemeinschaft des Himmels, in deiner neuen Welt werden wir uns wiedersehen und dich für immer sehen und erleben, wie du bist. Wir werden von dir vollendet und für immer das Leben in deiner Fülle verkosten.
Du hast denen, die auf dich vertrauen, so Großartiges bereitet, daß es noch keinem Menschen in den Sinn gekommen ist. Was noch kein Auge geschaut, was noch kein Ohr gehört und was noch niemand erfahren hat, wirst du denen schenken, die ihre Sehnsucht auf dich gerichtet haben.
Du willst für eine ganze Ewigkeit mit uns glücklich sein in der Gemeinschaft des Himmels. Dafür danken wir dir, und darum bitten wir dich, durch Christus unseren Bruder und Herrn. Amen.

GESTALTUNGSELEMENT

(K)ein Tag wie jeder andere

Dieser Tag ist ein Tag wie jeder andere.
Kein Tag ist wie jeder andere.
Dieser Tag ist der Todestag
der Mutter, des Vaters,
der Tochter, des Sohnes,
der Schwester, des Bruders,

der Freundin, des Freundes,
der Nachbarin, des Nachbars.
Dieser Tag hat damals vor … Jahren
eine Lücke in meinem Leben hinterlassen,
einen leeren Platz,
eine schmerzliche Wunde.
Dieser Tag hat damals
einen Einbruch in mein Leben gebracht,
eine Erschütterung,
einen schweren Verlust.
Dieser Tag war damals
ein schwarzer Tag in meinem Leben,
ein dunkles Kapitel in meiner Geschichte,
und ist es womöglich bis heute
und immer noch.
Dieser Tag hat mein Leben
ärmer gemacht und mich
möglicherweise dankbarer
für das, was dieser Mensch
mir bedeutet hat.
Dieser Tag spielt seither
in meinem Leben eine andere
Rolle als vorher.
Er ist kein Tag wie jeder andere.
Er gehört zu den wichtigsten Daten
meines Lebens.
Ich halte ihn in Ehren
und in bleibender Erinnerung
gegen das schnelle Vergessen.
Er hält in mir lebendig,
daß zum Leben der Tod gehört,
daß Hoffnung ist über den Tod hinaus,
daß es Auferstehung gibt
für die Toten und die Lebenden.

Paul Weismantel

Erinnern

Gang auf den Friedhof im November mit einer Gruppe

In vielen Kirchengemeinden ist es Tradition, am Nachmittag des Allerheiligenfestes gemeinsam die Gräber zu besuchen.
An den Orten, wo sich eine Trauergruppe regelmäßig trifft oder wo gezielt im November Angehörige eingeladen werden, die im zurückliegenden Jahr den Verlust eines geliebten Menschen zu betrauern haben, bietet es sich an, diesen »Gräberbesuch« als kleine »Gemeinschaft« zu einer eigenen Zeit zu erleben.
Der Weg beginnt in der Kirche oder im Gemeinderaum und endet dort wieder. Zum Abschluß ist es passend, mit einem gemeinsamen Mahl diesen Gang auf den Friedhof zu »feiern« und zu beenden.

SCHRIFTTEXT

Röm 8,35.37–39

ANSPRACHE

Bevor wir unseren gemeinsamen Weg zu den Gräbern beginnen, möchte ich eine kleine »Friedhofsgeschichte« erzählen. Seit mein Vater verstorben ist, treffen wir uns als Familie am Nachmittag von Allerheiligen auf dem Friedhof.
An einem Allerheiligen-Nachmittag versammelten wir uns mit den Kindern – die Enkel des Großvaters – zum Totengedenken der Gemeinde unter einem Baum. Der Kirchenchor sang, der Pfarrer predigte, und meine offenen Hände wurden gefüllt mit bunten Blättern und leeren Hülsen von Bucheckern. Und der Pfarrer predigte weiter, er sprach vom Leben, von der Sehnsucht des heiligen Paulus, bei Christus zu sein, dem Tod, der die Liebe nicht trennen kann.
Plötzlich spürte ich eine tiefe Verbindung zwischen diesen Worten und dem, was die Kinder mir währenddessen schenkten. Kinder spüren wohl intuitiv, daß der Friedhof ein Ort des Lebens sein kann, ein Ort von Ewigkeit her, wo Lebende und Verstorbene im tiefsten nichts trennen kann. Trotz dieses entsetzlichen Abgeschnittenseins, das diejenigen empfinden, die zurückbleiben. Es

tut sich eine Verbindung auf, die von Ewigkeit her fließt, dem durch Christus erlösten Leben, das uns verheißen ist.

Beim »Vaterunser« konnte ich kaum mehr meine Hände falten, die Kinder haben ein Bild hineingesteckt, das ich nicht kaputtmachen durfte. Wir gingen dann zum Opa ans Grab, den einige gar nicht mehr kennenlernen durften. Und doch ist es, als ob hier auch für die Kleinen ein Freund lebt, der zur Familie, zu ihrem Leben, gehört.

Das Geheimnis der Erlösung ist Erinnerung (Elie Wiesel). Im Sich-Erinnern und Einander-davon-Erzählen, heute nachmittag bei dem gemeinsamen Weg und alle Zeit des Jahres bleiben wir nicht hängen am Vergangenen. Erlebtes verlebendigt sich, wird bewegt zu einer Kraft, die öffnen kann für die neue Wirklichkeit, für ein Weitergehen auf dieser Welt ohne den geliebten Partner oder die Partnerin, ohne die Eltern, ohne das Kind oder den Bruder oder die Schwester.

Wir gehen gemeinsam zum Friedhof, dem vertraut gewordenen Ort, Zufluchts-, Erinnerungs-, Schmerz- und Trostort. Alles in einem. Wir schauen die Blumen auf den Gräbern an, die für den Winter bereitet sind. Sie überdauern Kälte und Feuchtigkeit. Und wir versuchen zu verstehen, daß die Natur schläft und darin neue Kraft sammeln wird. Unsere Augen bleiben bei den scheinbar schlafenden »toten« Blumen, und wir schauen tief das Geheimnis, so wie die Kinder es ahnen mit dem Bild, das sie mit »abgestorbener« Natur in meine offene Hand gemalt haben.

Aus diesem Erlebnis erwachsen Fragen, die uns jetzt auf dem Weg begleiten mögen:

Kann ich auf dem Friedhof das Lebendige erkennen, auch in der schmerzvollen Erfahrung von Tod und Vergänglichkeit?

Darf in mir die Hoffnung als »Geheimnis des Glaubens« lebendig werden, daß den Verstorbenen und mir ewiges Leben durch die Taufe ins Herz gesenkt worden ist?

Lassen wir zu, mit allen Sinnen auszudrücken, was uns bewegt: im äußeren Schmuck der Gräber, dem Licht, das den Verstorbenen und uns leuchten möge, den Blumen, die vom Leben erzählen, das wirklich ist? Zeichen von Leben und Sterben, von Fruchtbringen und Ernte?

Kann ich mich orientieren am Rhythmus der Jahreszeiten, die gerade besonders intensiv wahrzunehmen sind?

Kann ich mich neu erfahren im Beten und Singen, in der Begegnung und im Zusammenbleiben der Gruppe?
Laden wir Kinder ein, uns auf dem Weg zum Friedhof zu begleiten? Sie erzählen uns in ihrem Offensein und in ihrer Fähigkeit, Trauer zu leben, vom Reich Gottes, wo Leben und Tod nicht getrennt sind, sondern verbunden von Ewigkeit her, in Christus Jesus, unserm Herrn.

GEBET

An den einzelnen Gräbern aufteilen

Du Gott des Trostes und der Hoffnung, die Sehnsucht, daß wir im Leben und im Sterben bei dir geborgen sind, hat uns zusammengeführt und uns hierher zum Friedhof gebracht. Wir kommen mit offenen Händen und Bitten in unserem Herzen:

Laß die Verstorbenen bei dir die Vollendung finden. Führe du alles, was ihnen bruchstückhaft an Liebe, Geduld, Verzeihen und Gerechtigkeit im Leben gelungen ist, zu einem Ganzen zusammen, zur Gemeinschaft mit dir.

Laß uns als Gemeinschaft einander ermutigen, über den Abschied, das Sterben und den Tod zu reden. Und schenke uns die herzliche Geste und das einfühlsame Wort, damit wir einander in deinem Namen trösten können.

Wir gedenken aller Opfer sinnloser Kriege, der Folter, Gewalt und des Terrors. (Hier kann auch auf Opfer der beiden Weltkriege konkret eingegangen werden.) Stärke uns im Vertrauen, daß deine Gerechtigkeit über den Tod hinaus deine heilende Vergebung finden möge .

Sei bei den Kranken und Sterbenden mit deinem Licht, bei denjenigen, die für sie sorgen und mit ihnen leben, auch durch unsere Begleitung und unser Mitbeten und Mithoffen.

Unsere ausgesprochenen Bitten und unsere Anliegen, die wir im Herzen tragen, vertrauen wir dir an. Denn du bist der Grund unserer Hoffnung. Du läßt uns im Geiste deines auferstandenen Sohnes als Schwestern und Brüder leben. Amen.

GESTALTUNGSELEMENT

Die Gruppe trifft sich im Gemeinderaum oder am Eingang zum Friedhof. Kerzen sind das Geschenk, das zu den Gräbern mitgebracht wird.

Nach dem Schriftwort und dem Impuls besuchen die Frauen und Männer mit den anderen zusammen nacheinander »ihre Gräber« entzünden dort das Licht, verweilen in Stille und beten dort ihre Herzensbitte.

Wo es sich örtlich anbietet, geht der Weg vom Friedhof zur Kirche, wo Kerzen angezündet werden können für das eigene Leben, verbunden mit einem Vaterunser, einem Lied und Segen.

Der Abschluß findet dann im Gemeinderaum statt, wo ein festlich gedeckter Tisch zu einem Imbiß einladen kann. An jedem Platz liegt eine Blume, die an diesen gemeinsamen Weg erinnert und zugleich im Wissen um die natürliche Vergänglichkeit einer Blume jetzt denjenigen, die ihren Weg weitergehen, Freude schenken möchte und Ermutigung.

»An einem ruhigen, kalten und sonnigen
Novembertag noch einmal dastehen,
ein Grabstein, ein umpflanztes Feld.
Rauhreif wird kommen,
sich auf die Tannennadeln senken
wie Kristalle und weißer Staub.
Auch meine Daten werden einmal stehen,
ein Anfang und auch ein Ende.
Ein Grabstein,
ein umpflanztes Feld, sonnenbeschienen.
Grenzen und Strahlen, beides.
Bis Gottes Tag kommen wird,
und er unsere Zeit aufhebt, in seine Hände nimmt,
sie aufhebt, und wir seine Liebe spüren ...
Dann werden wir nicht mehr fragen,
dann werden wir seine Herrlichkeit sehen.«

(Michael Schibilsky)

Hermann Josef Bayer

Liebe, die den Tod vernichtet

Totengedenken an Allerseelen

Auf Allerheiligen folgt Allerseelen. Beide Gedenktage gehören zusammen, sind eine Einheit. Was haben die wenigen bekannten und die vielen namenlosen Heiligen, die wir gestern gefeiert haben, denen voraus, die wir etwas pauschal unsere Toten nennen? Sind nicht alle, die aus dieser Weltzeit gegangen sind, in Gottes Hand? Gott steht zu allen, die er geschaffen hat.

SCHRIFTTEXT

Joh 3,16–17

ANSPRACHE

In einer Todesanzeige las ich diese Zeilen des österreichischen Schriftstellers und Dichters Erich Fried (1921–1988):

Beschriebene unbeschriebene Liebe

Ich klage:
»Die Liebe hat oft und oft den Tod beschrieben
aber der Tod nicht die Liebe und das ist ungerecht«
Der Tod sagt:
»Ich habe die Liebe immer wieder beschrieben
nur ihr könnt meine Schrift nicht lesen und das ist nicht meine Schuld«

Liebe (eros) und Tod (thanatos) werden in der Dichtung zu allen Zeiten in einem Atemzug beschworen. Weil unvereinbar empfunden, werden diese tragenden und letzten Wirklichkeiten des Lebens mit dem Begriff »Tragik« interpretiert oder mit Ironie beantwortet. Trotzdem fragt jede Generation aufs neue nach dem wahren Grund des Lebens. Besonders dann, wenn das Leben durch den (oft zu frühen) Tod beendet wird.
Auch Christen können nicht so tun, als ob ihnen dieses Geschehen nichts ausmacht. Sie finden sich in der Sprache Erich Frieds wieder, wo der Tod sagt: »Ihr könnt meine Schrift nicht lesen, und das ist nicht meine Schuld.« Von seinem Selbstverständnis

würde Erich Fried – der Heimatlose, Entrechtete, Widerborstige – gegen unser Unterfangen, seine Worte christlich zu deuten, protestieren. Aber sie sind für uns ein Kontext zu Bemerkungen im Neuen Testament, wo von den Jüngern immer wieder gesagt wird, daß sie sowohl die Heiligen Schriften des Alten Testaments als auch Jesus nicht verstanden.

Der Tod hat eine deutliche Sprache. Sie ist eindeutig. Der Tod ist eine Tatsache, nichts ist rückgängig zu machen. Deshalb erfahren wir, die Zurückgebliebenen, ihn so unerbittlich und herb – brutal. Die Fraktur seiner Buchstaben sehen wir zwar, aber wir können seine Schrift nicht entziffern. Wer ist schuld? Der Tod oder wir? Vielleicht wollen wir den letzten Brief des Todes an uns nicht lesen, weil es uns die Liebe verbietet. Liebe und Tod widersprechen sich, stehen sich unversöhnt gegenüber – wirklich?

Ich bringe jetzt Gott ins Spiel: »So sehr hat Gott die Welt geliebt, daß er seinen einzigen Sohn hingab.« Die Liebe des Vaters und der Tod des Sohnes werden in einem Atemzug in eine Zuordnung gebracht. Sie lassen sich nicht mehr auseinanderdividieren, seit am Karfreitag die gekreuzigte Liebe vor aller Welt aufgerichtet worden ist. Intervention, Eingriff Gottes durch den Sohn Jesus Christus in eine Welt, die von der Macht des Todes besetzt war. Nicht mehr durchdrungen und belebt von der Liebe, aus der Welt und Mensch, die Schöpfung, hervorgegangen und getragen war. Aus der Welt der Liebe ist die Welt des Todes geworden. Dasein zum Tod.

Der Tod kann nicht die Liebe beschreiben. Die Liebe aber kann sich mit dem Tod anlegen. Sie ist stärker als der Tod. »Tod und Leben (Liebe) kämpften den unbegreiflichen (wunderbaren) Zweikampf; des Lebens Fürst, der starb, herrscht nun lebend«, singen wir im Osterhymnus. Der (Über-)Lebende ist Jesus Christus. Der Sieg der Liebe über den Tod ist Auferstehung.

Seit Jesu Auferstehung steht der Tod vor den Schranken des Gerichts. Er ist zum Tod verurteilt. Der Tod hat keine Macht mehr über ihn, über uns (vgl. Röm 6,9).

Liebe, die den Tod vernichtet, hat auch eine rettende Kraft: Sie schützt die Welt vor dem Gericht Gottes; sie versöhnt uns Sünder mit Gott. Wir wissen, daß wir sündige Menschen sind. Unser Schuldigsein belastet uns. Sie werden auch bei den Menschen, die Sie im Sterben begleiten, gemerkt haben, daß Unrecht und Versagen beschweren und nach Vergebung schreien. Böses kann nicht ungeschehen gemacht werden. Die Furcht vor Gericht und Verurteilung kann aber beantwortet und genommen werden durch diese tröstliche Botschaft Jesu: »Denn Gott hat seinen Sohn nicht in die Welt gesandt, damit er die Welt richtet, sondern damit die Welt durch ihn gerettet wird« (Joh 3,17). So beschreibt Gottes Liebe den Tod und die Sünde des Menschen. Wir schaden uns selbst, wenn wir diese seine Schrift nicht lesen (wollen).

GEBET

Heiliger Gott, Menschen, die mit uns gelebt, gearbeitet und für uns gesorgt haben, sind nun bei dir. In ihrem Leben haben sie dir vertraut, dich und ihre Mitmenschen zu lieben versucht. Sie haben gehofft auf ein besseres Morgen. Manches ist in ihrem und unserem Leben in Erfüllung gegangen. Wir waren einander Hilfe und Geschenk. Immer wieder hat es aber auch Tage gegeben, da wir unverstanden aneinander vorbeigegangen sind.
Wir sagen dir und unseren Toten Dank und bitten dich und sie um Vergebung.
Schenke allen Verstorbenen die Teilhabe an der Gemeinschaft der Heiligen in deinem Reich, um dessen Kommen wir beten:
Vater unser …

SEGENSGEBET

Gott der Vater schenke euch die schöpferische Kraft für die Gestaltung eures Lebens.
Jesus Christus wecke in euch die Liebe zu Gott und die Aufmerksamkeit gegenüber den euch Anvertrauten.
Der Heilige Geist erhalte in euch die Sehnsucht nach dem, was kein Auge gesehen und keines Menschen Ohr vernommen.
Das gewähre euch der dreifaltige Gott: Vater, Sohn und Heiliger Geist. Amen.

GESTALTUNGSELEMENT

Die Osterkerze ist das Zeichen für den auferstandenen Herrn. Sie brannte beim Heimgang unserer Verstorbenen, Ihrer Angehörigen, Bekannten und Freunde.

Im Licht dieser Kerze hören wir die Namen derer, die seit dem letzten Allerseelentag von uns gegangen sind. Wir gedenken ihrer in Dankbarkeit und im Geist der Versöhnung.
(Die Namen der Toten werden gelesen.)

Heribert Feifel

Unsterblich ist die Liebe

Gedenkgottesdienst am Volkstrauertag oder Totensonntag

SCHRIFTTEXT

1 Joh 3,11–18

ANSPRACHE

Der heutige Sonntag erinnert uns an die unzähligen und unsäglichen Wiederholungen des Brudermordes von Kain und Abel im Laufe der Geschichte bis in die jüngste Vergangenheit und Gegenwart. An vielen Kriegerdenkmälern stehen lange Listen mit Namen und Daten von gefallenen Soldaten aus den beiden Weltkriegen. Hinter jedem dieser Namen steht eine persönliche und einmalige Lebensgeschichte. Mit dem Tod eines jeden dieser teilweise sehr jungen Soldaten ist eine eigene Welt zusammengebrochen und untergegangen. Doch dieses Schicksal teilen alle, die Opfer der Gewalt, der Kriege, des Terrors und des Hasses geworden sind, egal ob ihre Namen irgendwo geschrieben stehen oder nicht.

Jedes Kriegerdenkmal ist ein Mahnmal an diejenigen, die es besuchen. Es mahnt uns heute, nicht nur die Folgen, sondern auch die Ursachen des Krieges und seiner menschenverachtenden Zerstörung wahrzunehmen. Gerade heute, in einer Zeit, die von radikalen und neonazistischen Tendenzen und Gruppierungen bedroht ist, gilt es, den Anfängen zu wehren. Wir dürfen nicht zu leichtfertig vergessen und verdrängen, was im Dritten Reich im Namen des deutschen Volkes an himmelschreiendem Unrecht und Völkermord begangen wurde. Es gehört zu den dunkelsten Kapiteln der Geschichte unseres Volkes.

In der eben gehörten Lesung aus dem ersten Johannesbrief wird uns gesagt, wir sollen uns nicht wundern, wenn die Welt uns haßt. Wir erleben immer wieder, daß Menschen einen Haß auf uns haben; und ebenso auch, daß wir manchmal einen Haß auf andere haben. Wenn jedoch der Haß den Ton angibt und Menschen bestimmt, dann bedeutet das immer, daß Menschen einander nach dem Leben trachten, einander ums Leben bringen, nicht erst wenn sie mit Messer oder Pistole aufeinander losgehen. Wir kennen auch die subtileren Spielarten des Hasses, wie z. B. in der üblen Nachrede, im Rufmord, in der Todesverachtung oder im Gehen über Leichen. Haß macht blind und zerstört. Haß macht Menschen bestialisch und grausam. Haß macht satanisch und mörderisch, manchmal auch selbstmörderisch.

Es gibt nur einen einzigen Weg, den Haß zu überwinden, das ist die Liebe. Nur die Liebe kann den Haß besiegen und seinen Teufelskreis von Rache und Vergeltung durchbrechen.

Darum ist der Übergang vom Tod zum Leben die Liebe. Wer liebt, hat sich für das Leben entschieden und damit gegen den tödlichen Haß. Wer liebt, wird oft bis an die Schmerzgrenze den Haß erfahren, aber er läßt sich in seinem Denken, Reden und Handeln nicht davon mitreißen oder gefangennehmen. Er läßt sich nicht zum Handlanger des Bösen machen, sondern legt Hand an, um Gutes zu tun. Er greift nicht zu den Waffen, sondern reicht die Hand zur Versöhnung und zum Frieden. Wer liebt, lebt aus der Versöhnung und für die Versöhnung.

In Jesus Christus hat Gott sein Schweigen gebrochen, in ihm ist sein ewiges Wort ein verwundbarer Mensch geworden. Er ist hineingestiegen in das dornige Gestrüpp menschlicher Beziehungen, Ablehnungen und tödlicher Verletzungen. Er wurde selbst das unschuldige Opfer fanatischer Rechthaberei und abgrundtiefen Hasses. Weil er die bedingungslose Liebe Gottes verkörperte und verkündete, wurde er in den Tod getrieben. Weil er sich eingemischt und auf die Seite der Verachteten, der Kranken und Sünder gestellt hat, mußte er sterben. Aus Liebe hat er sein Leben hingegeben, denn »das innerste Wesen der Liebe heißt Hingabe«, sagt Edith Stein.

Wenn wir sagen, daß Christus für uns Weg, Wahrheit und Leben ist, dann führt er uns immer wieder heraus aus den Verstrickungen und Verwicklungen von Lüge und Haß. Er will uns befreien aus den Fängen und Zwängen der Rache und der Vergeltung. Er schenkt und ermöglicht uns ein Leben ohne die schleichende Versuchung, uns zum Feind machen zu lassen oder andere dazu erklären zu müssen.

Der Weg vom Tod zum Leben heißt Jesus Christus; es ist kein bequemer und leichter Weg; aber es ist der einzige Weg, der zum wahren Leben führt. Je mehr wir uns auf diesen Weg einlassen und ihn gehen, ihm nachfolgen, um so mehr werden wir auch die befreiende Wahrheit und die belebende Kraft erfahren, die sich darin eröffnen. So dürfen wir den Schlußsatz der heutigen Lesung als Vorsatz mit in unseren Alltag nehmen. Er mahnt und fordert uns. Er ruft uns auf und begleitet uns. Er führt uns immer wieder aus dem Tod in das Leben, aus dem Haß in die Liebe, aus dem Dunkel ins Licht, aus der Zerstörung in die Versöhnung.

Mit der vertraulichen Anrede beginnend werden wir erinnert, die Liebe in unser Leben zu übersetzen, indem wir sie umsetzen. »Meine Kinder, wir wollen nicht mit Wort und Zunge lieben, sondern in Tat und Wahrheit« (1 Joh 3,18).

GEBET

Wir ehren unsere Toten. Wir schmücken, besuchen und segnen ihre Gräber. Wir erinnern uns an ihr Leben. Wir danken für das, was sie uns bedeutet haben und bedeuten. Wir trauern darum, daß wir sie verloren haben. Wir mußten uns von ihnen verabschieden. Dennoch bleiben sie uns nahe und verbunden. Wir glauben und hoffen, daß wir einander wiedersehen dürfen in der Ewigkeit. Wir bitten:

– Um ewiges Leben für so viele, die unter tragischen Umständen oder auf den Straßen zu Tode gekommen sind.

– Um Frieden beten wir für alle, die unversöhnt mit sich und ihren Mitmenschen von uns gegangen sind.

– Um ewige Ruhe beten wir für so viele, die unter schwierigsten Bedingungen ihr Leben gemeistert haben, die von Krankheit und Leid heimgesucht waren.

– Um ewiges Licht beten wir für so viele, die in ihrem Leben durch große innere und äußere Dunkelheiten gehen mußten, für alle, die schwer zu kämpfen hatten mit dem Leben und mit dem Sterben.

– Um Vollendung beten wir für alle, die jung und viel zu früh sterben mußten, für alle, die uns einfach gut waren und denen wir viel zu verdanken haben, weil sie uns Stütze und Halt waren.

– Um Heimat im Himmel beten wir für alle, die zeitlebens verkannt und zu wenig geachtet wurden, die fremd geblieben und umhergeirrt sind auf dieser Erde.

– Um Versöhnung bitten wir für die Opfer von Haß und Gewalt und die Täter, für alle, die Unrecht tun, und für alle, die Unrecht erleiden müssen.

– Um echten Trost beten wir für alle, die um einen lieben Menschen trauern und immer wieder neu am Verlust eines Menschen leiden.

Gott über Leben und Tod. Was wir sind und haben, kommt von dir. Du bist der Schöpfer des Lebens, der Ursprung des Lichtes. Du bist auch das Ziel unseres Strebens und die Vollendung unserer Sehnsucht. Erhalte uns in der Hoffnung, daß nichts und niemand uns trennen kann von der Gemeinschaft mit dir. Darum bitten wir durch Christus, unseren Bruder und Herrn. Amen.

GESTALTUNGSELEMENT

November – Totenmonat.
Zeit, in der Laub und Nebel fallen.
Du erinnerst uns an die Hinfälligkeit
und Kurzlebigkeit unserer Tage.
Deine Dunkelheit verweist uns auf
den Tod mit seinen unzähligen Gesichtern.

Friedhof – Vorhof der Ewigkeit.
Ort der Ehrfurcht, des Gedenkens
und des stillen Betens.
Jedes Grab ein Vorgarten des Himmels.
Guter, aber vorläufiger Platz
vor dem Endgültigen.
Mahnmal, die letzten Dinge nicht
aus den Augen zu verlieren,
die wir nie begreifen werden.

Grabsteine – Namen und Daten.
Ungeschriebene,
aber erlebte Geschichten,
die wir nur schwach erahnen.
Im Gedächtnis des Herzens
seid ihr bewahrt,
geschützt in dankbarer Erinnerung
und in der Hand dessen, der alles birgt.

Gräber – Blumen und Lichter,
liebevoll geschmückt von jungen
oder schon zitternden Händen.
Lebendige Zeichen der Treue,
die stärker sind als der Tod,
die mehr sagen als manch unnützes Wort.

Kreuze – Inschriften und Weihwasser.
Gesegnete Gräber, irdische Ehrenplätze,
jetzt noch verschlossen wie ein Geheimnis
mit Trauer gepflegt,
ihr werdet euch öffnen
und wandeln für eine ganze Ewigkeit.

Gang zum Friedhof.
Für viele ein täglich vertrauter Weg,
für andere ein höchst seltener Besuch.
Doch für alle gilt,
daß unsere Zeit geschenkt ist
und unsere Tage gezählt sind.

Gebete – Fürbitten und Hoffnung.
Um eine gute Sterbestunde beten
– wie früher –, weil sie uns allen
todsicher bevorsteht.
Im Angesicht des vielfachen Sterbens
verstehen wir besser, wie eng
Leben und Tod zusammengehören.

Dort, wo der Tod jetzt noch alles
regiert, wo Tränen sprachlos machen,
wo große Worte verstummen,
da glaube ich felsenfest
an die Herrschaft des Auferstandenen
und das Geheimnis der Liebe,
die niemals sterben wird.

Paul Weismantel

Wie die Sterne am Himmel

Totengedenken anläßlich eines Vereinsfestes

SCHRIFTTEXT

Dan 12,1–3

ANSPRACHE

Erinnern

Wir wollen uns erinnern, damit wir nicht vergessen, wer uns vorausgegangen ist. Zunächst eine ganz allgemeine Feststellung: Vergeßlichkeit gilt zu Recht als Mutter der Undankbarkeit. Undankbarkeit gilt allgemein als die Wurzel der Verdrossenheit und der Verdrießlichkeit, die gegenwärtig – nach meinem Eindruck – aus allen Winkeln sprießen.

Nicht vergessen

Wir möchten also nicht vergessen, daß Frauen und Männer, deren Namen fast schon vergessen sind, deren Gesichter nur noch verschwommen vor unseren Augen stehen und deren Profil fast nicht mehr greifbar ist, den Lebensraum geprägt haben, in dem wir uns heute miteinander bewegen.
Wir vergessen also nicht den mutigen Anfang von wenigen Leuten, die Schneid und Hoffnung genug hatten, etwas Neues zu beginnen. Wir vergessen auch nicht die vielen Täler und Höhen, die unsere Gemeinschaft durch Jahrzehnte hindurch hinter sich lassen mußte.
Wir vergessen nicht die stets neuen Ermutigungen zu einem Anfang, wenn Sackgassen einen weiteren Weg zu versperren schienen. Wir vergessen nicht die dunklen Wände, die unseren Vorläufern und uns den Weg versperren wollten, und auch nicht die Lichtblicke, die uns immer wieder geschenkt waren.

Dankbarkeit

Weil wir nicht vergessen wollen, ist hier Dankbarkeit angesagt. Keiner von uns hat den Stuhl oder das Rad erfunden. Was wir können und was wir kennen, ist uns überliefert worden, an die Hand gegeben, anvertraut. Das gilt für die Geschichte unseres Volkes, für die Geschichte unseres Landes, für die Geschichte unserer Kirche, aber auch für die Geschichte unserer Gemeinschaft und für die Lebensgeschichte jedes einzelnen.

Dies wird uns wohl sehr deutlich bewußt, wenn wir unser Land durchstreifen, wenn wir auf den Spuren der Geschichte unserer Kultur, unserer Kirche, unseres Landes unterwegs sind.

Welche literarischen Werte sind uns in die Hand gegeben. Welche künstlerischen Schöpfungen sind uns anvertraut. Welche religiösen Erfahrungen sind verborgen und gelegentlich offen unter uns greifbar.

Je mehr wir nachdenken, tauchen Gesichter auf: die Gesichter unserer Eltern und Großeltern, unserer Geschwister, unserer Verwandten, unserer Onkel, unserer Vettern und Basen, unserer Nachbarn und Schulkameraden, unserer Freunde, Weggefährten, unserer Lehrer, Lehrerinnen, Pfarrer, Vikare, Lehrmeister und Professoren.

Da legt sich uns ein schlichtes Fazit nahe: So originell, wie wir uns einbilden, sind wir gar nicht und so einmalig auch nicht, sondern eigentlich: Kinder der Gemeinschaft, in die wir hineingeboren sind, die wir akzeptiert haben, deren Lebensraum wir gerne nutzen und gestalten.

Unsere Mutter hat oft auf dem Heimweg von unserem Garten am Abend – unser Vater war sehr früh gestorben – gesagt, wir sollten hinaufschauen zum Himmel: durch irgendeines dieser kleinen Fenster – Sterne genannt – schaue unser Vater zu. Dies ist ein kindlicher und Kindern sicher einleuchtender Gedanke. Ich möchte daran festhalten: Es gibt den »Blickkontakt«, die Nachbarschaft mit unseren Verstorbenen, das Gespräch mit ihnen; die Gemeinschaft derer, die dem Tod entgegengehen, mit denen, die den Tod bereits hinter sich haben; den lebendigen Austausch mit denen, die dem Leben näher sind als wir, die wir mitten im Leben zu sein scheinen.

Es werden leuchten ...

Der Prophet Daniel wirft einen Blick in unsere gemeinsame Zukunft. Er hat es aufgeschrieben im 12. Kapitel seines Prophetenbuches.

Dort steht: »In jener Zeit – sagte der Engel – wird der große Engelfürst Michael eingreifen und für dein Volk kämpfen. Es wird eine Zeit der Not und der Bedrängnis sein, wie man sie seit Menschengedenken nicht erlebt hat, aber dein Volk wird gerettet werden, jeder, dessen Name im Buch Gottes geschrieben steht. Viele, die in der Erde schlafen, werden erwachen, die einen zum unvergänglichen Leben …

Die Männer aber, die Gottes Weisheit bewahrt und vielen Menschen den Weg zum Leben gezeigt haben, werden für alle Zukunft leuchten wie die Sterne am Himmel.«

Vorwärtsschauen

Da wir nicht nur zurückblicken – das würde ja Stillstand bedeuten oder gar Nostalgie –, wird unser Blick auch vorwärts gerichtet. Vorwärts gerichtet auf die Zukunft derer, die bei uns eine deutliche Lücke hinterlassen haben.

Vorwärts aber auch gerichtet für uns, die wir heute auf die vielen kleinen Sterne schauen, die unsere Vorläufer hinterlassen haben. Gegen Vergeßlichkeit, gegen Verdrossenheit, gegen Undankbarkeit. Für Dankbarkeit, für Hoffnung, für Zuversicht.

GEBET

Unser Herr Jesus Christus sagt uns: »Alles, was zwei von euch auf Erden gemeinsam erbitten, werden sie von meinem himmlischen Vater erhalten, denn wo zwei oder drei in meinem Namen versammelt sind, da bin ich mitten unter ihnen« (Mt 18,19–20). Darauf möchten wir uns verlassen. Deshalb bitten wir:

– Für alle Frauen und Männer, die Verantwortung tragen für unsere Völker, Länder, Gemeinden und Gemeinschaften: Öffne sie für das Wirken deines Geistes, damit sie Gedanken des Friedens denken und Taten des Friedens tun.

– Für alle Frauen und Männer, die ihr Leben und ihre Kraft für andere frei halten: Erhalte ihnen den Geist der Liebe und der Freundschaft, damit sie ihren Dienst zur Freude aller und zur Hilfe für viele tun.

– Für alle jungen Leute, mit denen wir zusammenleben: Ermutige sie zur Zuversicht, damit auch sie aus den Erfahrungen der

Geschichte lernen, den richtigen Weg erkennen und in ihrem Leben Sinn und Erfüllung finden.

– Für uns alle, die wir uns heute hier versammelt haben: Laß uns die Zeichen der Zeit erkennen und schütze die Menschheit vor den Mächten der Ungerechtigkeit, der Unfreiheit, der Gewalt und des Terrors.

– Für alle Männer und Frauen unter uns, die nicht fertig werden mit ihrem Versagen und ihrer Schuld: Öffne ihnen den Zugang zu deinem versöhnenden Wort, zu deinem heilenden Entgegenkommen.

– Für alle Opfer der Kriege und Gewalt: Hilf die Verletzten zu heilen und hilf die Leidenden zu trösten.

– Für unsere toten Schwestern und Brüder: Laß sie in deiner Liebe und in deinem Frieden ewig geborgen sein.

– Für uns wollen wir zuletzt beten: Erhalte uns Dankbarkeit, Zuversicht und Mut zur Zukunft.

Du Retter der Welt. Hilf uns, deinen Verheißungen zu trauen. Du lebst und waltest mit dem Vater und dem Heiligen Geist jetzt und in Ewigkeit. Amen.

GESTALTUNGSELEMENTE

Da das Erinnern Stützen und Krücken braucht, werden rechtzeitig vorher Bilder von Verstorbenen des letzten Jahres gesammelt, möglichst auch von denen, die nicht direkt Vereinsmitglieder waren.
Diese Bilder werden jeweils zusammen mit einer brennenden Kerze von den jüngsten Mitgliedern des Vereins nach vorne gebracht und für alle sichtbar aufgestellt.
Um der Erinnerung aufzuhelfen wird geraten, daß jeweils beim Niederlegen und Aufstellen eines Bildes der Name des Verstorbenen genannt und mit zwei Sätzen das Profil dieses Lebens beschrieben wird. Zum Beispiel so:
»Ich stelle das Bild von ... auf. Wir erinnern uns, daß ...

Anton Bauer

Beugt euch hoch

Trauergottesdienst im Kreis einer Trauergruppe,
die sich regelmäßig trifft

SCHRIFTTEXT

Lk 21,27-28

ANSPRACHE UND GESPRÄCH

Wir sind zusammengekommen in dieser feierlichen Gemeinschaft im Advent und fragen, ob es dieses Jahr überhaupt Weihnachten werden kann ohne den geliebten Partner, die geliebte Partnerin. Alles ist im ersten Jahr auf dem Trauerweg zum ersten Mal: Advent, Weihnachten, Neujahr. In der schmerzvollen und dankbaren Erinnerung an den/die Verstorbene/n wenden wir uns in gleicher Weise ihnen zu und uns selbst. Untrennbar ist ihr Weg über den Tod hinaus mit dem unsrigen verbunden. Wir zünden heute in diesem Kreis das Licht an für die Verstorbenen und für uns selbst. Gedanken und Erfahrungen der letzten Wochen steigen in uns auf.

Man sagt mir, ich soll es nicht so schwer nehmen.
Man sagt mir, das Leben ginge weiter.
Man sagt mir, jeder müsse lernen, Verluste zu überwinden.
Man sagt mir, jede Prüfung des Lebens brächte mich weiter.
Man sagt mir, die Zeit läßt jeden Schmerz vergehen.

Was »man« sagt, tut manchmal ziemlich weh und kann keine Verbindung finden in den Herzen zweier Menschen, die einander nahe sein wollen.
Wir wollen zu unserem adventlichen Beisammensein und Gedenken an Ihre Verstorbenen nicht auch noch einen Ratschlag dazusetzen, sondern hier in unserer Mitte mit Ihnen ein Licht anzünden, uns niederlassen und mit Ihnen beten.
Man sagt mir aber, hier und jetzt bin ich allein!
Mein Gott, laß mich nicht allein in diesen Abgrund stürzen, strecke deine Hand aus und fange mich im Fluge ab, bevor ich am Boden zerbreche.

Dies tun wir mit Ihnen in einem Vertrauen, das Frère Roger einmal so beschrieben hat: »Beten heißt manchmal schlicht warten: darauf warten, daß sich ein Weg auftut und die inneren Widerstände sich verflüchtigen.«

Einladung zum Anzünden eines Lichtes in der Mitte für den/die Verstorbenen und für sich selbst.

Nun erzählen sich die Frauen und Männer im Kreis von der Schwere und dem Licht ihres Advents. In der Mitte steht neben den Kerzen ein Teller, der symbolisch mit den Tränen gefüllt werden darf neben dem Licht des Advents.

Im Anschluß an die Erzählgemeinschaft werden alle im Kreis aufgefordert, mit dem adventlichen Schriftwort aufzustehen, sich »hochzubeugen« und ihre Köpfe zu heben:
»Und den Menschen schwindet das Leben vor Furcht und Erwartung der Dinge, die über die bewohnte Welt kommen. Denn die Kräfte der Himmel werden wanken. Dann werden sie sehen den Menschensohn – kommend in einer Wolke mit Kraft und Herrlichkeit.
Beginnt aber das zu geschehen, beugt euch hoch und hebt eure Köpfe! Denn es naht euer Loskauf« (Lk 21,26–28 nach Fridolin Stier).

Während in diesen Tagen und Nächten das Leben wie erstarrt scheint, schwankend zwischen schmerzvoller Erinnerung und sehnsuchtsvollem Ausblick, kann diese Aufforderung leibhaftig mitvollzogen werden.
Hier ist die Einladung zu einer Körpererfahrung möglich (s. Gestaltungselemente).
Es erfolgt nun die Einladung zur Mahlgemeinschaft am festlich gedeckten Tisch.

GEBET

Karl Rahner spricht von der Verwandlung unseres Betens für die Verstorbenen in die Fürbitte der Verstorbenen für uns. Wenn wir an den Gräbern für die Verstorbenen beten, dann, so sagt er, ist unser Gebet »nur der Widerhall des Wortes der Liebe, das die heiligen Lebendigen in der Stille ihrer Ewigkeit uns leise ins Herz sagen:

Herr, gib ihnen, die wir in deiner Liebe lieben wie noch nie, gib ihnen, die noch fern von uns den mühseligen Pilgerweg zu uns in dein Licht gehen, gib ihnen, denen wir schweigend nahe sind wie noch nie, mehr als damals, da wir noch mit ihnen auf Erden weilten und kämpften, Herr, gib auch ihnen nach ihres Lebens Kampf die ewige Ruhe, und dein ewiges Licht leuchte auch ihnen wie uns, jetzt als Licht des Glaubens, und dann in Ewigkeit als Licht des seligen Lebens.«

SEGENSGEBET

Wir wissen oft nicht, du Kind, du Bruder,
warum wir leben und wofür.
Wir suchen Auswege aus dem Leid
und Elend dieser Erde.
Wir suchen nach einer Hoffnung.
Wir suchen nach einer Kraft, die unser Herz wandelt,
und nach neuen Gedanken, die retten können.
Wir stehen vor dir, dein Geheimnis anzubeten,
dir die Tore zu öffnen zu unserem Herzen.
Du kamst zu uns in jenem Kind,
das in Betlehem in unsere Welt kam.
Komm nun zu uns, die wir vor dir stehen.
Durchdringe uns, erfülle uns, tröste uns.
Nichts ist wichtiger in dieser Stunde,
als daß du da bist und wir dich erkennen.
Wir danken dir, daß du kommst.
Komm, Herr Jesus, komm!

Der Herr stärke und ermutige euch,
er möge euch bergen,
er sei um euch und lasse sich finden.
Er schenke den Verstorbenen das Licht ewiger Freude.
Er helfe euch, daß ihr einander Frieden bringt,
so segne euch/uns der Vater und der Sohn und der Heilige Geist.

GESTALTUNGSELEMENTE

Diese gottesdienstliche Feier findet in dem Raum statt, in dem sich die Trauergruppe das Jahr über trifft. Die Gruppe sitzt im

Stuhlkreis mit einer gestalteten Mitte (z. B. Kerzen, Blumen, Tannenzweige). Im selben Raum ist bereits der festliche Tisch gerichtet, an dem sich im Anschluß an den Gottesdienst die Gemeinschaft beim Kaffeetrinken fortsetzen wird. Der Abschluß des Nachmittags ist dann wieder im Kreis, ausgerichtet auf die Mitte und zueinander.

Zum Ankommen im Kreis: Musik, z. B. aus den »Vier Jahreszeiten« von Antonio Vivaldi das Largo, Winter. Als Übung im Anschluß an den Schrifttext, um ihn leiblich erfahrbar zu machen: Sich aufrichten, in der Wahrnehmung vom Boden über das Becken und die Wirbelsäule zum Kopf gehen. Diesem inneren Weg des Getragenseins und der Ausrichtung zum Himmel über sich hinaus nachspüren und dabei dem Blick der Augen folgen: Anders, als wenn der Blick des Gebeugten sich zum Boden richtet, oder der Blick sich sehnsuchtsvoll zum Himmel wendet – und sich dabei in jedem Fall die Wirbelsäule verkrümmt – wird der Blick in der aufrechten und dem Menschen gemäßen Haltung, sich zur Welt, zu seinem Gegenüber hin ausrichten.

Als Segensgebärde – alternativ zum Segensgebet: Es bilden sich ein Innen- und ein Außenkreis. Der Innenkreis steht um die Mitte in Handfassung. Der Außenkreis steht frei hinter dem Innenkreis und hält segnend die Arme und Hände über die Frauen und Männer im Innenkreis. Beim zweiten Mal umgekehrt.

Hermann Josef Bayer

Auf der Stirn trugen sie den Namen Gottes

Feier anläßlich einer Grabauflösung

Anstelle das Grab der Großeltern auf Anfrage der Friedhofsverwaltung einfach aufzugeben oder neu zurückzukaufen, entstand bei mir der Wunsch nach einem Ritual der Würdigung der Verstorbenen und dann die Auflösung des Grabes.

Obwohl die Familienmitglieder dieser Feier sich zwischen zwanzig und vierzig Jahren nicht mehr gesehen hatten und obwohl zwei der Enkel vermutlich durch ein Familiengeschehen verletzt worden waren, waren alle damit einverstanden, ein solches Ritual zu gestalten, das sich im wesentlichen im Vollzug entwickelte. Die nachmittägliche Begegnung in einem Café vor dem Gang zum Friedhof wurde zu einem ungeplanten »Gesprächs-Ritual«, bei dem Erinnerungen an die Großeltern, besonders an den sehr prägenden Großvater ausgetauscht wurden. Am Ende des Tages wurde beschlossen, sich im kommenden Jahr wieder zu treffen und dann besonders die Großmutter in den Mittelpunkt der Gespräche zu stellen. Die Mitglieder der Familie hatten durch diese erinnernde Feier zu einem neuen Gefüge gefunden.

Vermutlich wurde diese Feier inspiriert durch meine jahrzehntelange berufliche Tätigkeit mit Menschen in und aus Asien. Ihr bewußtes Leben in der Generationenfolge, ihre Würdigung der Ahnen war dafür prägend. In Papua Neuguinea z. B. ist die Versöhnung mit den Ahnen Voraussetzung, damit eigenes Leben gelingen kann.

Es gibt einen koreanischen Ahnenkult, in dem unausgesprochenes Leid und verdrängte Schuld zur Sprache gebracht wird. Dadurch sollen sie ihre Macht verlieren. Denn durch unartikuliertes Leid und Schuldzuweisungen sind »kranke« Beziehungen, Spannungen und unerklärliche Erkrankungen in der Familie möglich. Ziel der Zeremonie ist der Friedenschluß mit den Ahnen.

Bei ostasiatischen Ahnenverehrungen gibt es eine Zeitgrenze, ab der die Ahnentafel und der Grabhügel aufgegeben werden. Sie liegt bei der vierten Ahnengeneration, also der Urgroßeltern. Diese wird wieder namenlos und taucht unter in der Substanz der Sippe, die sich als unvergänglich empfindet.

SCHRIFTTEXT

Offb 14,1

ANSPRACHE

Wir sind hier versammelt, da wir uns zur Auflösung des Grabes unserer Großeltern entschlossen haben. Zum ersten Mal sind zu diesem Anlaß alle Enkel und Enkelinnen zusammengekommen. Durch das Zusammentragen unserer Erinnerungen am Nachmittag begannen unverstandene und unabgeschlossene Erlebnisse und Themen der Familiengeschichte neue Gesichtspunkte zu erfahren. Verstehenslinien bildeten sich und formten in der Zusammenschau eine neue Sinndimension.

Ich rege an, daß wir neben den hier Beerdigten auch unsere verstorbenen Eltern, die Kinder aus der Ehe der Großeltern würdigen.

Meine Eltern hatten von ihren Eltern übernommen, sich auf der Stirn zu segnen, bevor sie den Wohnbereich verließen. Das bekam besonders, als sie sehr alt waren, eine ganz eigene Würde. Ich erinnere mich auch daran im Haus der Großeltern. Deshalb habe ich für unsere Begegnung eine Stelle aus der Offenbarung gewählt: »Auf der Stirn trugen sie den Namen Gottes.«

Nach unserem Gespräch heute nachmittag scheint mir dieses Zitat wirklich passend zu sein. Mittelpunkt war zunächst der Großvater. Die bisherige Zusammenschau verdeutlichte mir, von welchem unerschütterlichen Gottvertrauen er – auch in sehr schwierigen Lebenssituationen und Prüfungen – getragen war. Zum Beispiel gelang ihm der Balanceakt, seine behinderte Tochter vor dem Zugriff der Nazis zu schützen und gleichzeitig auf seine unnachahmliche Weise im Glauben immer wieder riskanten Widerspruch zu leisten. Und dies, obwohl er als Geschäftsmann und durch seine Lebensbezüge eine öffentliche Gestalt war. Wir waren alle von ihm beeindruckt. Unser Nachsinnen über Generationen hinweg zeigt mir, wie sehr gelingendes Leben errungen werden muß.

In der Mitte vor uns ein Arrangement (s. Gestaltungselement), das einem inneren nächtlichen Bild entstammt, das ich wie folgt verstanden habe: Die zwei Schalen in der Mitte sollen für die Großeltern stehen. Die sie umstehenden vier Schalen gelten ihren vier Kindern, unseren Eltern. Im dritten Kreis stehen wir, die Enkelinnen und Enkel mit unseren Partnern und Partnerinnen. Die Schalen stehen zunächst auf einer rautenförmigen weißen Decke. Rauten sind ein Symbol für Wandlung. Die darunterliegende weiße runde Decke grenzt symbolisch den Bereich, in dem sie jetzt sind, von dem unseren ab, allerdings mit einem durchbrochenen Rand (Spitzenbordüre). Allen Genannten, derer wir hier gedenken, ist eine Schale zugedacht mit je einer weißen und einer roten Rosenblüte.

Im Blick auf sie rege ich jetzt ein doppeltes Gedenken und Gebet an. Das erste bezogen auf die Verstorbenen. Das zweite bezogen auf uns, die Nachkommen.

GEBET

Wir gedenken der Verstorbenen und beten für sie.
Und wir gedenken unserer Beziehung zu den Verstorbenen und beten für uns alle.

Die roten Blüten in den Schalen sollen symbolisieren, was die Verstorbenen Lebens- und Liebenswertes und Gestaltendes in ihrem Leben bewirkten und worüber ihre Seelen dort, wo sie jetzt sind, zufrieden sind.

> Wir beten dafür, daß alles, was ihr im Leben in Liebe getan und versucht habt, und das, wo ihr mit weitem Herzen und offenem Blick Verantwortung übernommen habt, bewahrt bleibt und weiterlebt.

Stille

Weiß ist eine der Farben, die alle Farben enthalten. Wir wissen nur ungenügend, welche Erfahrungen aus ihrer Kindheit oder von den Vorgenerationen oder aus der historischen Zeit auf unseren Großeltern und Eltern lasteten und vielleicht die Fülle all ihrer Farben und ihrer Anlagen behinderten. Wir wissen nicht, ob sie vielleicht dennoch ihren Lebensauftrag erfüllten, gerade so wie sie lebten.

> Mit unserer Zuwendung und unserem stillen Gebet übergeben wir euch der allumfassenden Liebe. Wir werden diesen Ort jetzt auflösen im Wissen, daß euer Sein und unser Gedenken nicht an diesen Ort gebunden sind.

Stille

Wir haben in unserem Gespräch noch einmal festgestellt, was wir unseren Großeltern und Eltern alles verdanken. Dafür stehen die roten Blüten in den Schalen.

Mit unserem stillen Gebet danken wir für eure Fürsorge, Liebe, Wegführung und für euer Vorbild.

Stille

Wir wissen nicht, aus welchen inneren Gesetzen heraus einiges von ihnen unser Leben leidvoll beeinflußte. Ich rege an, daß jede und jeder prüft, ob wir loslassen können, was von den bewußten und unbewußten Gedanken, Worten und Taten unserer Großeltern und Eltern unser Leben beschwerte. Vielleicht können die weißen Blüten uns ermöglichen, gerade im Undurchschaubaren das Geheimnis ihres jeweiligen Lebensweges zu achten und zu versuchen, uns zu versöhnen, wo es noch ansteht.
»Auf der Stirn trugen sie den Namen Gottes.«

Stilles Gebet

Schließlich bitten wir euch, die Verstorbenen, um Versöhnung, für das, was wir bewußt oder unbewußt in Gedanken, Worten und im Tun an euch gefehlt haben.

Wir bitten Gott, daß er den Weg, den ihr uns vorausgegangen seid, und auch unseren weiteren Lebensweg begleite und segne.

GESTALTUNGSELEMENT

Das Arrangement, das in der Mitte der Feier stand und das den Zusammenhang der Generationen symbolhaft zum Ausdruck bringen sollte, ist folgendermaßen angeordnet.

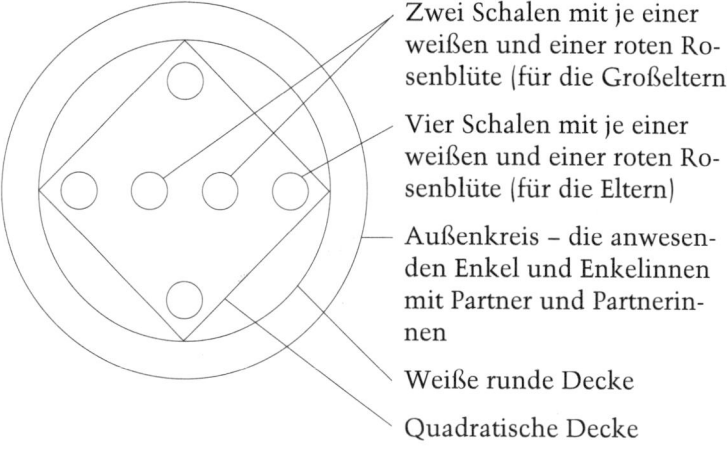

Zwei Schalen mit je einer weißen und einer roten Rosenblüte (für die Großeltern)

Vier Schalen mit je einer weißen und einer roten Rosenblüte (für die Eltern)

Außenkreis – die anwesenden Enkel und Enkelinnen mit Partner und Partnerinnen

Weiße runde Decke

Quadratische Decke

Denkbar wäre auch, in dieser Feier den Aspekt von Schuld und Verletzung mehr zu thematisieren.

Marlies Spiekermann

Nach den Zeiten
im Jahreskreis

Adventliches Leben

Trauergottesdienst im Advent

Für eine alte Frau, die im Advent gestorben ist und deren ganzes Leben »adventlich« gelebt war.

SCHRIFTTEXT

Offb 3,20–21

ANSPRACHE

Im Advent ist Ihre Mutter und Großmutter gestorben. Dieses ihr Sterben im Advent können wir als Zeichen verstehen. Sie, ihre Familie, ihre Angehörigen und Freunde haben sie verloren, sie sind ärmer geworden, und Sie spüren viel Trauer. Aber sie hat Antwort gefunden auf ihr Suchen nach Gott in all ihren Lebensnöten und -kämpfen. Ihr Leben findet seine Erfüllung in den bergenden Armen Gottes.

Ihre Mutter und Großmutter durfte alt werden, lange war sie Ihnen geschenkt. Und ihr war es geschenkt, ihr Leben so lange in der eigenen Hand behalten zu können. Sie hat es bis vor ein paar Wochen tätig gestaltet. Die kurze Krankheit hat gereicht, um sie spüren zu lassen, daß ihre Kraft verbraucht ist. Sie hat sich dagegen nicht gewehrt, ja sie hat es angenommen. Am Montag durfte sie sterben. Es war ihr Wunsch. Sie hat gesagt: »Gott soll mich holen!« Und sie, die Familie, können das – trotz allem Verlust und aller Trauer – auch annehmen. Am Montag hat Gott an ihrer Tür angeklopft. Er wollte ihr begegnen und sie abholen auf die letzte Etappe ihres langen und nicht immer leichten Lebenswegs. Darum habe ich diese Worte Jesu ausgesucht.

Und Gott hat sie bereits gefunden. Ihrem langen Weg auf der Erde, der letzten Begegnung mit Gott entgegen, entspricht Gottes Entgegenkommen. Er kam, um bei ihr anzuklopfen. Sie hat auf ihn schon gewartet und hat ihm die Tür geöffnet. Seine ausgebreiteten Arme und ihre geöffneten Arme waren bereit zu liebender Annahme und tiefer Begegnung.

Wir sehen also jetzt mit den Augen des Glaubens, mit all unserem Vertrauen ihr Sterben anders. Ihr ist der letzte Advent ihres

Lebens geschenkt worden. Gott ist ihr begegnet, er hat sie an der Hand genommen und hat sie an ihr letztes Ziel geführt: zum großen Fest in seinem himmlischen Reich. Dafür tut er ihr seinen letzten Dienst. Sie findet ihren endgültigen Platz in der aufmerksamen und liebenden Lebenssorge Gottes. Gott selbst ist das sie erfüllende Licht.

Die vierte Kerze des Adventskranzes wird als Bild für die Vollendung angezündet.

Aber nicht nur auf dieser letzten Etappe ihres Weges hat Gott sie geführt. Er hat das in Treue und Beharrlichkeit ihr ganzes Leben lang getan. Am Tag ihrer Taufe hat er es ihr zugesagt: Du hast als meine Tochter Anteil an meiner königlichen Würde. Dafür wurde sie mit Chrisam gesalbt. Und in der angezündeten und überreichten Taufkerze lud er sich bei ihrer Taufe als Licht für ihren Lebensweg ein.

Die erste Adventskerze wird zur Erinnerung an ihre Taufkerze angezündet.

Oft war das in der Mühsal ihres Lebens untergegangen. Oft hat es der Alltag mit seinen Lasten und Pflichten versteckt. Und manche Lebensnot hat sie zweifeln lassen, ob Gott zu seinem Versprechen auch wirklich steht. Aber dann ist es wieder aufgebrochen, und sie hat erfahren: Ja, da ist ein guter Hirte mit mir auf meinem Lebensweg unterwegs. Er hält etwas von mir, und er sorgt sich um mich. Ich bin ihm viel wert. Nehmen Sie dahinein die zahlreichen Erinnerungen an die vielen verschiedenartigen Stationen und Ereignisse ihres Lebens. Sie haben oft mit ihr darüber gesprochen. Mir haben Sie vorgestern davon erzählt. Für die frohmachenden Ereignisse und auch für die bestandenen notvollen Lebensabschnitte stehen die beiden anderen Kerzen unseres Adventskranzes.

Die zweite und dritte Adventskerze werden angezündet.

Zwischen zwei Polen ist also ihr Leben verlaufen. Dem »Ja« am Anfang entspricht das »Ja« am Ende ihres Lebens. Gottes Licht, am Anfang ihr geschenkt, wird nun zum vollen Lichtglanz seines himmlischen Reiches. Gott hat sein Hirtesein vollendet. Was er begonnen hat, ist jetzt in den wirklichen Advent ihres Lebens eingemündet. Er ist die Antwort auf ihr Suchen, ihr Hoffen und

Vertrauen geworden. Der Psalm 45 sagt es so: »Die Königstochter ist herrlich geschmückt, ihr Gewand ist durchwirkt mit Gold und Perlen. Man geleitet sie in bunt gewirkten Kleidern zum König. Jungfrauen sind ihr Gefolge, ihre Freundinnen führt man zu dir. Man geleitet sie mit Freude und Jubel, sie ziehen ein in den Palast des Königs.«

Dort ist Gott jetzt ihr Gastgeber. Und alle Kostbarkeit und Schönheit ihres Lebens bricht auf in der Begegnung, die Gott ihr schenkt. Sie ist angekommen und aufgenommen. Gottes Herrlichkeit leuchtet in ihr auf. So lebt sie nicht nur bei Gott, sie lebt auch ganz mit Ihnen. Was jetzt noch durch Trauer und Abschiedsschmerz verdunkelt ist, das wird immer mehr von Gottes gutem Licht erhellt. Der Tod ist zwar eine schmerzende, trennende Wand. Aber Gott schenkt Ihnen Ihre Mutter und Großmutter neu, vom Tod befreit in seinem nie endenden Licht und Leben.

Wenn wir ihr Dank zeigen wollen – und wir haben ihr wirklich viel zu verdanken –, dann können wir diesen Dank nicht besser ausdrücken, als sie jetzt in unserem Beten in Gottes vollendende Arme zu geben.

GEBET

Gott, diese adventlichen Tage erinnern uns daran, daß unser Leben auf dieser Erde nie ganz erfüllt und nie ganz glücklich ist. Denn das letzte Glück und die tiefe Erfüllung willst du schenken. Dafür geben wir dir heute N. N. in deine neuschaffenden und liebenden Hände. Erfülle deine Verheißungen und schenke ihr die Erfüllung ihrer Sehnsucht in der Begegnung mit dir, dem Gott des Lebens und der Liebe.

Gott, du hast uns N. N. geschenkt. Unser Leben haben wir ihr zu verdanken. Treue und Liebe hat sie uns geschenkt. Für unser Leben hat sie gesorgt. So hat sie dich abgebildet, Gott. Sie hat gelebt, wie du sie gedacht hast: Als dein Abbild sollte sie über die Erde gehen. Mit deiner Hilfe und in deiner Sorge hat sie es getan. Dir danken wir für sie. Uns ist sie ins Herz gewachsen. Dir geben wir sie in dieser Stunde zurück. Laß sie jetzt den letzten Advent ihres Lebens erfahren: Erfülle ihre Sehnsucht und ihre Hoffnung. Laß sie teilnehmen am großen Fest des Lebens. Laß sie Vollendung und Frieden finden in deinem himmlischen Reich. Amen.

GESTALTUNGSELEMENT

Durch diesen Trauergottesdienst begleitet ein Adventskranz.
Seine Kerzen werden im Lauf der Feier angezündet, auch wenn
der dritte und vierte Adventssonntag erst noch gefeiert werden.
Die vier Kerzen werden so zum Bild für Stationen auf dem Lebensweg.

Winfried Häberle

Seid wachsam

Trauergottesdienst im Advent

Für eine Frau, die noch bei der Krankensalbung das Evangelium vom ersten Adventssonntag vorgelesen bekommen hatte.

SCHRIFTTEXT

Mk 13,33–37

ANSPRACHE

»Seid wachsam!« Diese letzten Worte des gerade gehörten Evangeliums hat N. N. mehrmals wiederholt, als ich es am Vorabend des ersten Adventssonntags bei der Feier der Krankensalbung im kleinen Kreis an ihrem Bett vorlas. Es war, als wollte sie sich diese Mahnung Jesu verinnerlichen, wohl spürend, daß »die Zeit« (Mk 13,33b) herannahte für jene Begegnung mit dem Herrn, auf die wir alle ein Leben lang zugehen.

Wachsam sein war aber auch ihre Lebensdevise. Solange sie es vermochte – und das war bis kurz vor ihrem Tod –, hatte sie ihre Verpflichtungen im Blick. Selbst von ihrem Krankenbett aus wußte sie das eine oder andere zu ordnen; die schwere Krankheit konnte sie nicht davon abhalten. Bis zuletzt war sie besorgt um Sie, Herr N. Und wenn sie – wie Sie mir erzählten – nachts nicht schlafen konnte, betete sie: Etwas, das Sie immer wieder berührt hat, Ausdruck einer innigen Gottes- bzw. Christusbeziehung, sicher nicht so sehr vom Kopf, vom Verstand her gesteuert, sondern vom Herz, von ihren Gefühlen, von ihrem Innersten her. Genauso gefühlsbetont durften sie, Herr N., Ihre Frau erleben. Die Liebe, die sie Ihnen gab, bedeutete Ihnen Ihr ein und alles. Wer N. N. näher gekannt hat, weiß um ihre Ausstrahlung. So etwas wächst; es läßt sich nicht machen. Es wächst aus erfahrener Liebe heraus, nicht zuletzt auch aus dem heraus, was sie, Herr N., Ihrer Frau an Liebe gegeben haben.

»Seid wachsam!« Jesu Appell kann auch bedeuten, wach zu sein für das, was wir an Tragendem, unser Leben glücklich Machendem geschenkt bekommen. Sie, Herr N., gaben mir einen kleinen Einblick in die Turbulenz Ihres Lebens; Ihre Frau erscheint darin wie ein ruhender Pol. So begleitet Gott uns durchs Leben: Er schenkt uns Menschen, die wie bestimmt sind für uns, die uns geben, wonach wir uns in unserem Innersten sehnen, auch wenn uns das oft nicht bewußt ist. Natürlich sind das nicht nur unsere Ehepartner; aber wenn uns gerade durch sie soviel Liebe zuteil wird, wie N. N. sie zu geben vermochte, dann dürfen wir das verstehen als Geschenk der Liebe Gottes; dann ist Gott nicht mehr nur ein Begriff oder eine Theorie, sondern der, als den ihn schon das alte Volk Israel erfahren hat: ein lebendiger, handelnder Gott, der Mose in der Begegnung des brennenden Dornbuschs erklärt hat: »Ich bin der ›Ich-bin-da‹« (Ex 3,14).

Von diesem lebendigen Gott dürfen wir erwarten, daß er für uns und für N. N. da ist. Jesus hat uns diese Erwartung vorgelebt. Ganz und gar war er mit Gott verbunden; immer wieder hat er sich in die Stille zurückgezogen, um zu beten und betend sich bewußt zu werden, was zu tun ist. Fest auf ihn vertrauend ist er dann seinen Leidensweg gegangen, und auch, als er am Kreuz die Gottverlassenheit spürte und sie verzweifelt hinausschrie, tat er das – wie der Psalmist, dessen Worte er sich zu eigen machte – in der Hoffnung, daß Gott ihm zu Hilfe eilt, er, der sich als der Ich-bin-da geoffenbart, der Israel seine Treue bewiesen, der seine Gerechtigkeit immer neu gezeigt hat (vgl. Ps 22,23ff). Dieses Gottvertrauen hat sich als im wahrsten Sinne des Wortes rettend erwiesen: An Jesus zeigt sich, daß Gott da ist, daß er handelt, indem er dem Tod seine Macht nimmt: Jesus lebt; er ist auferstanden (Mk 16,6). Und wir leben mit ihm; mit ihm dürfen wir auferstehen! So ist Gott für uns da! So ist Gott für N. N. da!

»Seid wachsam!« – das heißt: wach zu sein für das Dasein Gottes in unserem Leben; wach zu sein für seine Verheißungen: für die Verheißung des Lebens, das stärker ist als der Tod; wach zu sein für die Botschaft, daß wir im Tode nicht allein sind, daß wir nicht abgleiten in ein Nichts, sondern gehalten sind in der Liebe Gottes, der in absoluter Treue für uns da ist.

Etwas von dieser Wachsamkeit scheint im Leben von N. N. auf. Ich glaube, sie ist dadurch der tragenden Nähe Gottes sicherer geworden. Als wir ihr am Krankenbett dieses Evangelium des ersten Adventssonntags vorlasen und sie Jesu Worte »Seid wachsam!« wiederholte, wird sie sie vielleicht auch als Bestätigung und Zusammenfassung ihrer Lebensweise verstanden haben. Zusammen mit der Krankensalbung und der Kommunion – beide Sakramente teilen die Zusage Gottes mit, da zu sein für uns – wirkten sie befreiend auf sie, und wir mußten nach der Feier sogar herzlich lachen. Je mehr ich darüber nachdenke und dabei das berücksichtige, was Sie, Herr N., mir über Ihr gemeinsames Leben alles erzählten, desto mehr geht mir auf, daß das Wachsamsein N. N.'s Botschaft ist, die sie uns hinterläßt. Wach zu leben im Sinne einer wachen Wahrnehmung dessen, was um uns herum und mit uns selbst geschieht, und dies als etwas von Gott Gegebenes zu begreifen, führt zu solchen Tiefgängen, wie wir sie von der Verstorbenen kennen; es führt aber auch zu einer Liebesfähigkeit, wie Sie, Herr N., sie an Ihrer Frau erfahren durften.

Je mehr wir uns aber der Liebe öffnen und uns von ihr bestimmen lassen, desto mehr lassen wir es zu, daß Gott in und durch uns wirkt, desto mehr werden wir zu Zeichen seiner Gegenwart in unserer Welt. All das bringt uns ihm näher, bis wir eines Tages, wenn »die Zeit da ist«, durch die leibhaftige Begegnung mit ihm vereint werden und teilhaben dürfen an seiner, an Gottes Welt, die wir »Himmel« nennen oder »himmlische Herrlichkeit« oder »ewiges Leben«. N. N. hat dieses Ziel nun erreicht. Indem wir ihr danken für alles, was sie uns geschenkt hat und was wir durch sie erfahren durften, gehen wir ihren Weg mit. Und indem wir wach werden für das, was Gott uns durch sie geschenkt hat, kommen wir ihm näher. Schließlich ist uns das Zusammensein mit ihm und folglich auch mit allen, die uns vorangegangen sind, verheißen.

GEBET

Gott, unsere Liebe und Sorge, die wir N. N. zugewendet haben, die Pflege und Fürsorge in den Tagen und Nächten ihrer Krankheit, ist ans Ende gekommen. Traurig und hilflos stehen wir nun vor dem Sarg. Aber wir wissen: Wo unsere Möglichkeiten aufhören, kannst du weiterwirken. Du bist nicht ein Gott der Toten, sondern der Lebenden. Wir bitten dich: Sei N. N. mit deiner Güte nahe, und handle an ihr nach deiner Barmherzigkeit! Vergib ihr alle Schuld, und wandle ihr Leid in deine Freude. Schenke ihr das unzerstörbare Leben, die unverlierbare Heimat bei dir durch Christus, unseren gekreuzigten und auferstandenen Herrn.*

* Katholisches Bistum der Alt-Katholiken in Deutschland, Die Feier der Bestattung. Manuskriptdruck, Bonn 1991, S. 18.

GESTALTUNGSELEMENT

Text im Blick auf die Osterkerze gesprochen:

Du bist über dem Meer.
Der silberne Polarstern
bist du.

Zu dir fahren wir.

Ich freute mich, als man mir sagte:
zu dir fahren wir.

Ewige Flamme des Friedens
entzünde in uns deinen Frieden.

Hoher Wachender, du bist
stille Nacht von Ewigkeit
zu Ewigkeit.

(Huub Oosterhuis)

Joachim Pfützner

Meine Augen haben das Heil gesehen

Trauergottesdienst in der Weihnachtszeit

Für eine 96 Jahre alte Frau, die als Hausgehilfin einer angesehenen Familie über drei Generationen »gedient« hat.

SCHRIFTTEXT

Lk 2,22–32

ANSPRACHE

Was Frau N. in den vergangenen Wochen sehnsuchtsvoll erwartet hat, was sie an ihrem Geburtstag, an Heiligabend, so tief angerührt hat, das darf sie schauen vierzig Tage später, am Fest der Darstellung des Herrn im Tempel. Ihr weihnachtlicher Festkreis hat sich geschlossen und erfüllt.

Wir können nur ahnen, was uns – je eigen – an Achtung und Dankbarkeit erfüllt. Wir verneigen uns am Sarg von Frau N., die in ihrer langen Lebenszeit von 96 Jahren Ihre Wertschätzung erfahren durfte. Wir verneigen uns auch vor einer Lebensgeschichte unseres Jahrhunderts, vor ihrem gelebten Zeugnis.

»Sie hat das Zeitliche gesegnet«, sagen wir beim Tod eines Menschen. Frau N. hat unsere Zeit gesegnet, und sie hinterläßt Spuren. Was sie an Segen hinterläßt, hat sich fest eingeprägt in unsere Lebenshaltung. Sie lieben heißt, ihr heute nochmals sagen: Du wirst nicht sterben. Wir danken dir.

Nun läßt du, Herr, deine Dienerin, wie du gesagt hast, in Frieden, im Schutz der vertrauten Menschen im Pflegeheim und der Gemeinschaft mit den Angehörigen, die mit ihr durch das Leben gegangen sind, scheiden. »Denn meine Augen haben das Heil gesehen, das du vor allen Völkern bereitet hast!«

Das steht zunächst für sich, was sich in diesem Schriftwort erfüllt im Blick auf das Leben dieser »außergewöhnlichen Frau«, wie Sie als Nahestehende über sie sagen. Das Heil Gottes offenbart sich in der Einmaligkeit jedes Menschen, und ihre Augen haben das Heil geschaut, jetzt im Hinübergang in das Leben, das keinen Tod mehr kennt, noch Schmerzen und Tränen. So glauben und so vertrauen wir zutiefst.

Ihre Augen haben das Heil geschaut in der Weise, wie sie ihr Leben gelebt hat im Dienst und in ihrer inneren Eigenständigkeit. Bewahrheitet in dem Wort des Dichters Antoine de Saint-Exupéry: »Man sieht nur mit dem Herzen gut, das Wesentliche ist für das Auge unsichtbar.«

Die Basis ihres Liebes- und Lebensweges war, wie sie manchmal sagte, ihr inneres Programm: »Die Freude, die wir geben, kehrt ins eigene Herz zurück.« Und sie sagte das ohne Berechnung, sie sagte das in ihrer wirklichen Erfahrung, die sie als Weg gehen durfte.

»Dankbarkeit führt zum Glücklichsein ... und nicht umgekehrt«, – so sagt es ein benediktinischer Meditationsmeister. Diese Wahrheit erstrahlt, wenn wir in diesen Tagen über unsere je eigene Sicht und Erfahrung uns dankbar mitteilen. Wir selbst werden im Abschiedsschmerz dankbar und glücklich.

Und zugleich staunen und fragen wir: Wie vermochte die Verstorbene das Heil schauen in einem solch heil-losen Jahrhundert? Doch in dieser Frage ist bereits unsere eigene Interpretation und Sichtweise. Was wissen wir schon von der je eigenen, ganz persönlichen und geheimen Welt eines Menschen!

Was wir wissen, sind Lebensdaten. Daß Frau N. zum Beispiel als zweitjüngste von vierzehn Geschwistern alle überlebt hat und daß sie ein Leben lang ihrer Herkunftsfamilie innigst verbunden war, ganz in ihrer ihr eigenen, unterstützenden Weise über Mauern und Grenzen hinweg.

Und wir wissen, daß drei Generationen einer Familie, der sie als Hausgehilfin gedient hat, zutiefst dankbar sind. Prägend für sie war ihr Dienst, und sie war in dieser abhängigen Lebensform als Angestellte einer Familie doch eigenständig. Ihre innere Freiheit und ihre Unabhängigkeit gegenüber »Gott und der Welt« gaben Zeugnis von ihrer Heiterkeit und Gelassenheit, die nachhaltig die Familienmitglieder geprägt haben.

So dürfen wir alle gemeinsam beten: Nun läßt du, Herr, deine Dienerin und unsere Freundin, Begleiterin ..., wie du gesagt hast und wie sie dies ersehnt hat, in Frieden scheiden. Und unsere Augen haben durch sie dein Heil geschaut. Unsere Dankbarkeit führt uns zum Glücklichsein.

Das Heil in Gestalt eines Kindes, damals im Tempel in den ausgestreckten Armen des alten Simeon, begegnet uns zärtlich, im Wachsen und ganz präsent. Alte Menschen tragen manchmal wieder etwas sehr Kindhaftes in sich, eine Art Freiraum, der sich neu öffnet und schauen läßt, wie sich Heil offenbart.

Ob wir an das Heil so glauben dürfen, das nun Frau N. schauen wird und mit entgegenstreckenden Armen empfangen darf?

Das wissen wir nicht. Was sie zurückläßt, ist ihr Abschied, ihr bewußter Weg und der Schmerz, daß wir so, wie wir gewohnt sind, nicht mehr mit ihr leben dürfen. Was wir ihr mitgeben, ist unsere Zusage, daß wir sie lieben und sie in uns nicht sterben wird, solange wir auf dieser Welt leben, bis wir uns sehen im Heil des Angesichts Gottes.

Darin ist auch der Dank von Frau N. an Sie, die Familien, die Mitarbeiterinnen und Mitbewohner im Pflegeheim. Sie alle waren Heimat für sie auf ihrem irdischen Weg. Für sie, die ihre Heimat verlassen mußte, hat sich von früher Zeit an Heimat beschreiben und erfahren lassen als der Ort, wo Menschen einander zugetan sind, wo sie in Freude geben und dankbar empfangen.

Nun wird dieser Friedhof, der kleine Garten in der Nachbarschaft des Pflegeheimes, zu ihrer letzten irdischen Heimat.

Seht, das Leben selbst eröffnet sich in Licht und Herrlichkeit, und ihre und unsere Augen werden erleuchtet. Halleluja.

GEBET

(Eine Kerze kann entzündet werden.)

Christus, du bist das Licht der Welt, du hast Worte ewigen Lebens.

Dieses Vertrauen führt uns heute beim Abschied von Frau N. zusammen. Das Vertrauen, dies als Licht unseres Lebens zu glauben und zu erfahren, daß du alle Wege, auch die traurigen, mit uns gehst und uns trägst, da, wo uns die Kraft dazu fehlt.

Wir kommen zu dir, weil wir dein Entgegenkommen in uns neu erfahren möchten.

Stärke uns in dieser traurigen Stunde mit deinem versöhnenden und tröstenden Geist, damit wir durch dich mit Frau N. und mit allen Menschen verbunden sind. Jetzt und alle Nächte und Tage unseres Unterwegsseins. Amen.

GESTALTUNGSELEMENT

Nicht fliehen, hindurchgehen

Du sollst nicht ohne Erde in den Himmel kommen. Gott ist Mensch geworden, um den Himmel in der Erde zu verankern, um im Leib das Licht anzuzünden, um das Starre zu beseelen, um das Leben zu verdichten. Gott ist Mensch geworden als Hilfe für den Menschen. Nicht um unser Denken mit neuen Dogmen zu belasten.

(Kurt Marti)

Hermann Josef Bayer

Ich lag in tiefster Todesnacht

Trauergottesdienst in der Weihnachtszeit

SCHRIFTTEXT

Lk 2,1–18

ANSPRACHE

Wir haben die Erzählung von der Geburt Jesu vor kurzem als frohe Botschaft von Weihnachten gehört. Sie ist fast allen Menschen in unserem Land vertraut: wenn nicht vom Vorlesen, dann von den Krippendarstellungen. Das Weihnachtsfest und seine Stimmung passen nicht zu dem, was wir heute tun müssen – einen Menschen verabschieden, begraben, hergeben. Das Weihnachtsevangelium selbst aber soll uns zu einem Wort werden, das auch dem Schweren des heutigen Tages standzuhalten vermag und uns Hoffnung und Trost spendet.

Ich weiß nicht, was der Verstorbene selbst über dieses Evangelium der Menschwerdung Gottes gedacht hat. Gottes Ankunft in unserer Welt stellen wir dar mit dem Bild der Krippe. Dieses äußere Zeichen der Krippe ist für uns alle so wesentlich, weil wir uns damit die Menschwerdung Gottes bildlich vorstellen können. Gott ist Mensch geworden in Christus, einer von uns. Aber Gottes Menschwerdung war ein Drama – fast gab es für ihn keinen Platz. Eine Futterkrippe war sein erster Platz in dieser Welt.

Gott will einen Platz in dieser Welt, er will unter den Menschen wohnen, er möchte dasein mit uns – aber er nimmt sich selbst keinen Platz. Er ist da, wo er eingeladen wird, wo ihm Raum gewährt wird, wo er erwartet und willkommen geheißen wird. Und sei es am denkbar bescheidensten Platz – bei armen Menschen, unter den Hirten, in einer Krippe.

Gott einen Platz bereiten – das ist Würde und Aufgabe eines christlichen Lebens. Es ist gut, wenn wir von einem Menschen sagen können, durch ihn ist es ein wenig heller geworden in seiner Umgebung, durch sein Leben ist die Güte Gottes ein wenig durchgeschienen. Gott einen Platz bereiten in dieser Welt – das geschieht meistens nicht durch spektakuläre Aktionen, sondern

190

im alltäglich gelebten Leben: Indem ein Mensch seine Aufgabe tut in einer menschlichen und solidarischen Gesinnung, in der Treue zu seinem Wort, in Fürsorge und Hilfsbereitschaft, im Glauben an die Gegenwart Gottes in all dem, was einer tut. Die Menschwerdung Gottes wird heute nicht anders wahr, als daß wir selbst menschlich sind und immer mehr menschlich werden in allen unseren Lebensvollzügen.

Das Sterben eines Menschen hinterläßt eine Lücke, ein Loch, vielleicht sogar eine Leere in uns. Nichts kann diese Lücke schließen. In seinen Funktionen ist jeder Mensch ersetzbar. Aber in seiner Liebe und in seiner Beziehung ist keiner ersetzbar und vertretbar. Die Zurückbleibenden können die Lücke nicht schließen, die aufgerissene Wunde nicht zudecken. Wir können diese Lücke nur leben vor Gott und ernsthaft sagen: Wandle du uns so, daß diese Lücke fruchtbar wird für unser Leben, für die Aufgaben, die wir noch zu tun haben, für das Leben, das uns geschenkt und aufgetragen ist. Die Trauer um den Verlust eines Menschen, der Schmerz um die Lücke – das soll zur Kraft werden, das Gute weiterzuleben. Den Platz Gottes in dieser Welt weiter zu bereiten, ihn offen zu halten, so daß er selbst unter uns weilen kann.

Dem Verstorbenen, der mit seinem Leben um den Platz Gottes in dieser Welt bemüht war, dem wollen wir erbitten und erhoffen, daß er selbst Platz nehmen darf am Tisch der Vollendung. Daß für ihn der Gesang der Engel wahr geworden ist: »Verherrlicht ist Gott in der Höhe!« Uns und allen Trauernden wollen wir erbitten, daß wir Menschen seiner Gnade sind und daß es unter uns geschieht: »Friede ist bei den Menschen seiner Gnade!«

GEBET

Herr, Jesus Christus, du bist als Kind auf die Welt gekommen wie wir, in der Blüte deines Lebens mußtest du sterben.

Du hast das Glück und das Elend des Lebens erfahren, du kennst das Leid, den Tod und die Trauer.

Wir bitten dich für den verstorbenen N. N.: Laß ihn leben im Glanz deiner Herrlichkeit.

Wir bitten dich auch für alle, die um ihn trauern: Sei du ihnen nahe, daß sie nicht zerbrechen.

Erweise an uns allen deine Gnade, damit wir der himmlischen Herrlichkeit trauen und in Frieden miteinander leben. Amen.

GESTALTUNGSELEMENT

Als Gestaltungselement zum Singen und zum Bedenken schlage ich das Lied »Ich steh an deiner Krippen hier« vor (GL 141). Hintergrund des Liedes von Paul Gerhardt ist die barocke Krippenfrömmigkeit, deren sinnenfälligster Ausdruck die Krippendarstellungen sind. Der Beter steht vor der Krippe, wie er ausdrücklich sagt, und spricht in einem inneren Dialog mit dem Kind. Wer das Lied betet oder singt, wird in dieses Zwiegespräch mitgenommen und eingeladen, sein eigenes Glück, die persönliche Schuld, die eigene Trauer dem Christus in der Krippe anzuvertrauen. Das Lied hat insgesamt 15 Strophen; im *Gotteslob* sind vier, im *Evangelischen Gesangbuch* (Nr. 37) immerhin neun Strophen abgedruckt. Drei davon (5, 8 und 9) werden hier wiedergegeben, weil sie einen tiefen Trost und einen großen Frieden ausdrücken:

Wann oft mein Herz im Leibe weint
und keinen Trost kann finden,
rufst du mir zu: »Ich bin dein Freund,
ein Tilger deiner Sünden.
Was trauerst du, o Bruder mein?
Du sollst ja guter Dinge sein,
ich zahle deine Schulden.

Du fragest nicht nach Lust der Welt,
noch nach des Leibes Freuden;
du hast dich bei uns eingestellt,
an unsrer Statt zu leiden,
suchst meiner Seele Herrlichkeit
durch Elend und Armseligkeit;
das will ich dir nicht wehren.

Eins aber, hoff ich, wirst du mir,
mein Heiland, nicht versagen:
daß ich dich möge für und für
in, bei und an mir tragen.
So laß mich doch dein Kripplein sein;
komm, komm und lege bei mir ein
dich und all deine Freuden.

Anton Seeberger

Am Rande der Wüste

Trauergottesdienst in der Fastenzeit

SCHRIFTTEXT

Ex 13,20-22

ANSPRACHE

Am Rande der Wüste schlagen die Israeliten ihr Lager auf. Hinter ihnen liegt Ägypten, eine Zeit der Knechtschaft und der Verzweiflung. Sie machen sich auf in ein Land, das Gott ihnen verheißen hat. Aber der Weg dorthin ist weit und führt durch unwegsames Gelände, durch eine Landschaft der Kargheit und der Trockenheit. Wenig Vegetation, Hunger und Durst, Kälte und Hitze warten auf sie. Keine guten Aussichten.
Vierzig Jahre Wüstenwanderung liegen vor ihnen. Dort, am Rande der Wüste, wissen sie noch nichts davon, wie lange sie unterwegs sein werden. Sie wissen nur, daß sie der Weg durch die Wüste hindurchführen wird. Es gibt keinen anderen Weg. Zurück können sie nicht mehr. Und dort, am Rande der Wüste, läßt es sich auch nicht leben.
Vielleicht ist das auch ein Bild für Sie, liebe Frau N. Am Rande der Wüste. Hinter Ihnen liegt die lange Zeit, in der Sie Ihren Mann gepflegt haben und in der Sie sich oft in Ihrer ganzen Hilflosigkeit erlebt haben. Sie konnten ihm sein Leiden nicht abnehmen, Sie konnten nur bei ihm sein, die Not mit ihm aushalten. Hinter Ihnen liegt die schwere Zeit des Abschieds, in der Sie ihn jeden Tag ein Stück loslassen mußten. In dieser Zeit waren Sie oft an den äußersten Grenzen ihrer Kraft und ihrer Hoffnung. So ist heute neben dem Schmerz über den Verlust auch die Erleichterung darüber, daß dieses lange Leiden zu Ende gehen durfte. Und doch ist es dieser Weg durch die Wüste, der noch vor Ihnen liegt.
»Am Rande der Wüste« – das ist zwischen allen Welten, zwischen allen Gefühlen. Das ist zwischen dem vertrauten Alten und dem noch unbekannten Neuen. Das Alte ist noch so nah, und doch nicht mehr greifbar, das Neue liegt schon vor uns und

hat doch noch keine Gestalt. »Am Rande der Wüste« – da halten wir erst noch einmal inne, brauchen Zeit für die Trauer über den Verlust des geliebten Menschen. Am Rande der Wüste schlagen die Israeliten ihr Lager auf, um Kraft zu sammeln für die nächste Etappe. Aber ihr Lager dort kann nur vorläufig sein. Am Rande der Wüste läßt es sich auf Dauer nicht leben.

Vielleicht spüren Sie, liebe Frau N., heute keine Kraft mehr, aufzubrechen und ohne den geliebten Mann weiterzugehen, weil es keine Richtung mehr gibt. Und der Weg durch die scheinbar endlose Wüste ist für Ortsunkundige lebensgefährlich. Die Angst, nicht durchzukommen, ist groß und durchaus berechtigt.

Dort, am Rande der Wüste, wo den Israeliten die eigene Orientierung verlorengegangen ist, so erzählt es der Text sehr eindrücklich, dort gibt Gott die Richtung an. Und er setzt imposante Zeichen, indem er in der Feuer- und Wolkensäule mitgeht, am Tag und in der Nacht Orientierung gibt. Ein großes Licht setzt er gegen die Abgründe der Trauer, lodernde Wärme gegen die Erstarrung und Resignation, die bergende Hülle der Wolkensäule gegen die Heimatlosigkeit und den lebenstiftenden Regen für die Dürre der mutlosen Herzen. Diese mächtigen Symbole der Feuer- und Wolkensäule haben etwas Tröstliches, aber auch etwas Erschreckendes. Denn die Feuersäule gibt nicht nur Licht, sondern sie ist auch bedrohlich und verzehrend. Und die Wolkensäule ist nicht nur ein Zeichen für die Nähe Gottes, sondern sie verhüllt ihn auch und macht ihn unzugänglich. Das Mitgehen Gottes ist nicht so, wie wir es gerne hätten, auch nicht immer so machtvoll und eindeutig, sondern oft sehr versteckt und rätselhaft. Das erfahren Sie, liebe Frau N., in diesen Tagen sehr stark.

Mit diesem Gott wagen die Israeliten den Weg durch die Wüste, und sie erfahren immer wieder, daß er mitgeht.

Vierzig Jahre sind sie durch die Wüste gezogen, bevor sie in das versprochene Land kamen.

Vierzig Tage war Jesus in der Wüste, bevor er seinen Auftrag in der Welt tun konnte.

Vierzig Tage gehen wir gerade durch die Fastenzeit, bevor wir das Fest der Auferstehung feiern.

Vierzig ist die Zahl des diesseitigen Lebens, in dem wir Leid und Verlust durchleiden müssen, um zu neuem Leben zu kommen.

Vierzig ist immer wieder die Zeit, durch die wir hindurchgehen müssen, um zu Neuem zu kommen. Und am Ende der vierzig

Jahre, am Ende der vierzig Tage ist Ankommen, Aufstehen, Neu-anfangen. Gelobtes Land, Ostern, Auferstehung.

Am Rande der Wüste ist es schwer, sich ein Ankommen vorzu-stellen. Aber die vielen Geschichten von Menschen, die den Auf-bruch gewagt haben und uns davon erzählen können, daß Gott in machtvollen Zeichen mitgeht, machen uns Mut.

Wir wissen heute nicht, wie lange Sie, liebe Frau N., unterwegs sein müssen, bis Sie die Wüste hinter sich haben und ankommen dürfen. Wir können Ihnen heute zusagen, daß wir ein Stück des Weges mitgehen und daß wir Gott darum bitten, in kleinen und in machtvollen Zeichen Ihren Weg zu begleiten.

GEBET

Gott, auf dem Weg durch unsere Lebenswüsten
willst du unsere Quelle sein.
Wenn wir durch das trockene Tal ziehen,
durch das trostlose Tal der Angst und Einsamkeit,
dann läßt du Regen fallen,
der alles in Segen hüllt. (nach Ps 84)
Wir bitten dich:
Nimm den verstorbenen N. N. auf
am Ende seines irdischen Weges
und laß ihn bei dir ankommen.
Sei du seiner Frau N. nahe in den wüsten Tagen ihres Lebens,
in den Tagen des Abschieds,
in den Tagen der Trauer,
in den Tagen der Einsamkeit.
Sei du uns allen nahe,
wenn die Tränen uns überfluten,
wenn die Trauer uns erstarren läßt,
wenn unsere Hoffnung ausgetrocknet ist.
Laß uns gehen mit wachsender Kraft,
bis wir dich, den lebendigen Gott, finden,
im Land unserer Sehnsucht. Amen.

GESTALTUNGSELEMENT

Charles de Foucauld, der selber lange Zeit in der Einsamkeit der Wüste zugebracht hat, beschreibt die Wüste als einen besonderen Ort der Gnade Gottes. Für diesen Gedanken können Trauernde nur sehr behutsam zugänglich gemacht werden und vielleicht auch erst dann, wenn sie schon auf ein Stück ihres Wüstenweges zurückschauen können.

»Man muß in die Wüste gehen und darin verweilen, um an die Gnade Gottes heranzureichen: Dort wird man leer, treibt alles aus sich heraus, was nicht Gott ist, und leert das kleine Haus der Seele völlig, um allen Platz Gott allein zu überlassen ... Jeder der Frucht bringen will, muß notwendig durch diese Zeit gehen ... Er braucht dieses Schweigen, diese Sammlung, dieses Vergessen alles Geschaffenen, und in diesem Zustand richtet Gott sein Reich in ihm auf und gestaltet in ihm den innerlichen Geist.«

(Charles de Foucauld)

»Meine Seele ist ein
lang verlassenes Brachland
Doch immer noch
schreien die erloschenen Gefühle
nach den milden Wassern
Deiner Gnade.
Meine trockenen Felder
dürsten nach Leben.
Meine Seele
dürstet nach Dir.«

(Bernhard Meuser)

Angelika Daiker

Bedenke, Mensch, daß du Staub bist

Trauergottesdienst in der Fastenzeit

SCHRIFTTEXT

1 Kor 15,42–49

ANSPRACHE

Wir haben am Aschermittwoch die vierzig Tage der Fastenzeit im Zeichen der Asche begonnen. Über unser Haupt wurde Asche gestreut mit dem mahnenden Wort: Bedenke, Mensch, daß du Staub bist und wieder zum Staub zurückkehren wirst. Was wir am Aschermittwoch im Zeichen vorweggenommen haben, das müssen wir heute als Wirklichkeit bestehen und annehmen: den Tod eines geliebten Menschen, die Übergabe seiner sterblichen Hülle in die Erde (ins Feuer), die Erfahrung, daß unser Leben vergeht und nichts bleibt.

Vielleicht sagen Sie: Doch, es bleibt eine ganze Menge: Die schönen Erinnerungen an das, was wir gemeinsam mit dem Verstorbenen erlebt haben, werden bleiben. Der Schmerz und die Trauer über das, was uns zusammen nicht möglich war, wird bleiben. Worte, die der Verstorbene uns gesagt hat, werden bleiben. Was der Verstorbene uns gegeben hat an konkreten Dingen, aber auch an Fürsorge, Zuneigung, Liebe, alles das wird in uns bleiben. Das ist wahr und auch notwendig: daß die gemeinsame Geschichte in uns bleibt, weil die Erinnerung für unser Leben und unsere Zukunft notwendig ist. Aber auch wir werden nicht bleiben. Mit unserem Zerfall wird wieder ein Stück Lebensgeschichte vergessen und verloren. Staub bist du und zum Staub kehrst du zurück – so steht es im ersten Buch der Bibel; wir alle kennen es und fürchten uns vor dieser Wahrheit.

Wir Menschen schaffen nichts Bleibendes, nichts für die Ewigkeit. Bleibend und endgültig ist allein Gott. Es ist eine Gnade, diesem Gott vertrauen zu können. Es hat Gott gefallen, dem Verweslichen das ewig Wesentliche einzupflanzen; das Armselige mit dem Herrlichen zu schmücken; das Schwache mit seiner Kraft zu beseelen und unsere irdische Gestalt zu einer himmlischen zu vollenden. Wir haben die Verheißung Gottes im Brief des Paulus an die Gemeinde in Korinth gehört. Was ein Mensch im Glauben an Gott tut, das bleibt. Was er in aufrechter Gesinnung und in Liebe vollbringt, das bleibt, weil es in Gott ist – selbst wenn sich ein Mensch dessen gar nicht bewußt ist. Was in Liebe getan ist, das kann nicht verloren und vergessen sein, weil Gott selbst die Liebe ist. Alle Liebe hat seinen Ursprung und seine Vollendung in ihm.

Ich weiß nichts vom Glauben des Verstorbenen, nichts von seinen Hoffnungen und innersten Überzeugungen. Aber alles Gute, das er gesagt und getan hat, wird bleiben. Alles, was sie an Lebensmöglichkeit von ihm empfangen haben, ist nicht umsonst und vergeblich, sondern bleibend in Gott.

Es sind viele Erinnerungen, die Sie benannt und ausgetauscht haben. Andere Begebenheiten mit dem Verstorbenen, Gewohnheiten, Worte, Erfahrungen werden Ihnen bei Gelegenheit in der Zeit des Trauerns wieder in den Sinn kommen. Es ist gut, wenn wir unsere Erinnerungen vor Gott ausbreiten – die glücklichen und auch die schweren. Der glaubende Mensch muß alles in Gott bergen, das Glück und das Elend. Wir breiten das Glück vor Gott aus, daß es vollendet werde. Wir verschweigen auch das Elend nicht, weil es gewandelt werden muß, damit es bleiben kann.

Wir glauben, daß jeder Mensch, mit dem wir eine gemeinsame Geschichte haben, ein Teil des Gemeinsamen mitnimmt in die Vollendung Gottes. Aber es gilt auch das Umgekehrte: Jeder Mensch, mit dem wir eine Stück Leben geteilt haben, läßt in seinem Sterben einen Teil in uns zurück: den Teil, den wir zu Gott und in seine Vollendung bringen müssen. Das ist der Dienst, den wir als Glaubende dem Verstorbenen tun können, auch tun sollen: ihn selbst und die gemeinsam erlebte Geschichte der Wandlung durch Gott anzuvertrauen und sie in seiner Vollendung zu bergen.

GEBET

Ewiger Gott.
Wir sind Staub
und kehren wieder zum Staub zurück.
Unser Leben zerfällt.
Vergänglich, armselig und schwach
sind wir geschaffen

Du aber bleibst.
Gestern und heute und morgen
bist du derselbe.
Laß uns leben mit dir.
Was in deinen Augen kostbar ist,
laß bestehen.
Was in deinen Augen wertlos ist,
nimm weg.
Und verwandle,
was der Vollendung bedarf.
Darum bitten wir durch Jesus Christus. Amen.

GESTALTUNGSELEMENT

Das Zeichen der Erde gehört zum Ritus des kirchlichen Begräbnisses. Auch bei einer Verabschiedung oder Feuerbestattung könnte das Zeichen der Asche oder Erde eingebaut werden, kombiniert mit dem Zeichen des Kreuzes: Das Irdische wird vom Himmlischen vollendet.
Die Asche ist in vielen archaischen Kulturen Zeichen der Trauer, des Schmerzes und auch der Reue und gehört darum schon zu vor- und außerchristlichen Begräbnisriten. Heutigen Menschen ist das Zeichen der Asche weitgehend verlorengegangen. Denn offenes Feuer, bei dem Asche entsteht, gibt es in den alltäglichen Vollzügen kaum mehr. Aber auch heutigen Menschen sind die Zeichen von Asche und Erde leicht nahezubringen: Alles Stoffliche zerfällt und wir mit ihm. Die Asche ist das Letzte: Der unverbrennbare Bestandteil der Erde. Dieses Letzte bringt der glaubende Mensch vor Gott mit der Bitte: Mach aus diesem Letzten, aus der im Feuer gereinigten Erde, das Neue. Darum ist die Asche auch Zeichen der Umkehr, der Hinwendung zu Gott, der aus dem geläuterten Stoff der Erde das vollendete Leben schaffen kann.

Deutewort beim Streuen von Erde oder Asche über den Sarg:
Von der Erde bist du genommen, und zur Erde kehrst du zurück.
Der Herr aber wird dich auferwecken.
Oder: Mensch, du bist Staub und kehrst wieder zum Staub zurück. Der Herr aber macht dich neu.

Anton Seeberger

Verstecken und aufbrechen

Trauergottesdienst in der Osterzeit

Dieser Gottesdienst wurde gefeiert in einer Trauergruppe, die sich regelmäßig trifft.

SCHRIFTTEXT

Joh 20,1–18

ANSPRACHE

Die Dichterin Marie Luise Kaschnitz schrieb drei Jahre nach dem Tod ihres Mannes: »Ich hatte die letzten drei Jahre hindurch ein ziemlich normales Leben geführt, und wie ja auch Schwerhörige und Schwachsichtige im Verstecken ihrer Mängel eine gewisse Virtuosität entwickeln, war ich geschickt genug gewesen, mir nicht anmerken zu lassen, daß kein an mich gerichtetes Wort mich erreichte, daß kein in meine Augen fallendes Bild bis auf den Grund meines Bewußtseins drang.« (»Wohin denn ich«, in: M. L. Kaschnitz, Ges. Werke, Bd. 2, S. 382.) Die Dichterin beschreibt hier sehr präzise, was in einem Menschen vorgeht, der seinen Lebensgefährten verloren hat und sich am liebsten verstecken würde. Und doch muß sie äußerlich »funktionieren«: Sie wendet alle Kraft auf, um ein nach außen »normales« Leben zu führen, aber sie zeigt sich nicht wirklich. Die äußere Fassade, die Rolle wird ihr zum Versteck und hilft zu überleben.

In manchen Lebensphasen, wenn unsere Seele sehr verletzt und zerbrechlich ist, brauchen wir solche Verstecke. Und keiner soll dann behaupten, wir seien unehrlich, würden unser wahres Gesicht nicht zeigen. Denn die Seele tut gut daran, nicht immer ihre verwundbare Seite zu zeigen. Im übrigen sucht sich im Laufe des Lebens jeder seine kleinen und großen Verstecke, in der Arbeit, in der Partnerschaft oder Familie, in irgendeiner Rolle. Sie als Trauernde kennen das gut. Weil viele um Sie herum Ihre Trauer nicht aushalten, haben Sie sich angewöhnt, eine Fassade zu zeigen und sich mit ihren wirklichen Gefühlen zu verstecken. Es hilft Ihnen, sich in Ihrer Dünnhäutigkeit zu schützen.

Für mich ist es wichtig, mir immer wieder bewußt zu machen, wo meine Verstecke gerade sind, und mich zu fragen, ob ich sie wirklich noch brauche. Manchmal hat so ein Versteck längst ausgedient, ich brauche den Schutz gar nicht mehr, aber ich habe mich gut darin eingerichtet. Solche Verstecke sind keine Schonräume mehr. Ja, sie können sogar zu Gefängnissen werden. Sie können mich zwar weiterhin vor Verletzung und Gefahr schützen, aber sie schneiden mich auch vom Leben ab. Vielleicht wäre da jemand, von dem ich mich gerne finden lassen würde, aber mein Versteck ist zu gut. Beim Versteckspiel der Kinder gäbe es nichts Schlimmeres, als sich so gut versteckt zu haben, daß die anderen Kinder das Suchen irgendwann aufgeben und weiterspielen, ja den Nichtgefundenen sogar vergessen. Dann ist es höchste Zeit, das Versteck zu verlassen und zu sagen: Ich bin auch noch da! Manchmal ist es wichtig, nach einer langen Zeit des Rückzugs wieder darauf zu vertrauen, daß es draußen noch etwas zu suchen gibt, für das es sich lohnt, die Tür zu öffnen. Vielleicht finde ich es nicht, aber mich auf die Suche zu machen, wäre schon ein wichtiger Schritt heraus aus der abwartenden Haltung des Verstecks. Denn: Mit der Suche entsteht neue Hoffnung, die in einem engen Versteck keinen Raum hat, sich zu entfalten.

Auch die Jünger Jesu haben sich versteckt, als mit dem Tod all ihre Hoffnungen zerbrochen waren. In ihrer Trauer und Angst waren sie wie erstarrt. In dieser Situation war das Versteck hinter den verschlossenen Türen für sie der richtige Ort. Es gab nichts mehr, für das es sich gelohnt hätte, die schützenden vier Wände zu verlassen. Maria von Magdala dagegen hat sich getraut, das Versteck zu verlassen. Sie ist am frühen Morgen zum Grab gegangen, hat dort, wo es nichts mehr zu suchen gab, Trost gefunden.

Während die Jünger noch gelähmt in ihren Verstecken sitzen, erfährt sie am Grab, daß Jesus nicht einfach tot ist, sondern zum Vater gegangen ist. Das soll sie den andern erzählen: »Ich gehe hinauf zu meinem Vater und zu eurem Vater, zu meinem Gott und zu eurem Gott« (Joh 20,17).

Gerade dann aus seinem Versteck herauszukommen und zu suchen, wenn die Suche wenig Erfolg verspricht, braucht viel Kraft. Maria von Magdala macht Mut, gelegentlich auch dann die schützenden vier Wände zu verlassen, wenn es besonders schwerfällt. Noch in der Dämmerung hinauszutreten und auf das kommende Licht zu vertrauen.

Und für alle, die trotzdem keine Kraft dazu haben, hat die Ostergeschichte noch eine tröstliche Variante. Denn: obwohl die Jünger sich hinter verschlossenen Türen versteckt hielten, trat Jesus plötzlich in ihre Mitte und sagte zu ihnen: »Friede sei mit euch.« Gelegentlich geschieht es, daß jemand auch das beste und unzugänglichste Versteck aufspürt und einer verletzten und ängstlichen Seele Frieden bringt und sie ermutigt, sich wieder nach draußen zu wagen. Bis dahin ist es tröstlich, daß es gute Verstecke gibt.

GEBET

Gott,
ich habe mich
in mein Versteck zurückgezogen,
Türen verschlossen,
Mauern gebaut,
Masken aufgesetzt.
Keiner darf mir zu nahe kommen.
In mir ist zu viel Schmerz.
Meine Haut ist dünn geworden.
Meine Ohren meiden den Lärm.
Meine Augen scheuen das Licht.
Mein Mund will schweigen.

Gott,
ich bin hinausgegangen,
habe den Anschein gewahrt,
meine Rolle gespielt.
Sie erwarten es so.
Sie haben Angst vor meinen Tränen.
Sie weichen mir aus.
Sie reden mir gut zu.

Gott,
sei du bei mir
in meinen Verstecken
hinter der verschlossenen Tür,
hinter der undurchdringlichen Mauer,
hinter der lächelnden Maske.
Und wenn es Zeit ist,

gib mir Kraft,
mich wieder zu öffnen,
mich dem Leben anzuvertrauen.
Damit
meine Ohren die Lieder hören,
meine Augen die Farben sehen,
mein Mund Worte der Zuwendung findet.

GESTALTUNGSELEMENT

Der Text von Marie Luise Kaschnitz kann als Gesprächseinstieg benützt werden, um darüber zu reden, wo die Teilnehmerinnen und Teilnehmer der Trauergruppe sich durch den Text angesprochen fühlen: Möchte ich mich auch gerne verstecken? Wie geht es mir dabei? Wie reagieren die andern darauf?

Sieger Köder, Maria von Magdala am Grab

Oder das Gespräch kann sich auf Maria von Magdala ausrichten. Die Gruppe kann sich Gedanken machen, was an ihr Mut macht, das eigene Versteck zu verlassen. Evtl. kann dazu das Bild von Sieger Köder, Maria von Magdala am Grab (im Rottenburger Kunstverlag VER SACRUM als Meditationsbild erhältlich, Bestell-Nr. 863 D) ausgeteilt werden.

Im gemeinsamen Betrachten des Bildes ihre Haltung wahrnehmen, die abwehrende Hand, das dunkle Grab, die Situation auf dem Friedhof, das Lichtspiel von hell und dunkel, die Kraft der roten Farbe, die abschließenden und aufbrechenden Mauern.

Wichtig in dem Gespräch ist es, die unterschiedliche Situation der Trauernden wahrzunehmen. Für die einen ist es notwendig und gut, sich zu verstecken und so ihre verletzbare Seele zu schützen. Für die anderen ist die Ermutigung zum Aufbruch wichtig. Beides hat seine gleiche Berechtigung.

Angelika Daiker

Es kommt eine Auferstehung

Trauergottesdienst in der Osterzeit

SCHRIFTTEXT

1 Kor 15,35–44

ANSPRACHE

In der Osterzeit spüren wir besonders eine Spannung zwischen der Botschaft, die wir hören, und unserem Erleben. Wir stehen am Grab und sollen doch an Auferstehung glauben.
Vielleicht geht es uns ähnlich wie den Frauen am Grab Jesu. Nicht hier sollen sie ihn suchen, sondern in Galiläa, wo sie mit ihm unterwegs waren – und das, wo sie ihn doch hier zu Grab getragen haben und mit ihm ihre Liebe.
An Auferstehung zu glauben, fällt gerade angesichts des Grabes nicht leicht. Haben wir doch gespürt, daß das, was uns lieb und teuer war, ins Grab gesunken ist. Wir können es nicht mehr in den Armen halten, nur in unserem Herzen lebt es. Auf einmal hängen wir in den Erinnerungen und kommen nicht los davon.
Wenn Paulus sagt: Trauert nicht wie die Heiden, die keine Hoffnung haben – dann hören wir zwar diese Worte, aber die Trauer bewegt doch unser Herz, auch wenn wir den Verstorbenen die Herrlichkeit Gottes von Herzen gönnen.
Doch Trauer ist nicht nur lähmend, sie hat auch ihr Gutes. Sie macht uns sensibler für das Leid anderer Menschen, mitfühlender – und gerade dadurch gewinnt unser Leben an Tiefe. Wo wir das Leid nicht zerreden, sondern ihm standhalten, dort erweist sich auch die Kraft der Auferstehung an uns.
Paulus hat diese Auferstehung zum zentralen Punkt gemacht: »Ist Christus nicht auferstanden, ist unsere Predigt nichts und euer Glaube hat keinen Inhalt« (1 Kor 15,14). Wie können wir das glauben? Wir sehen doch das Grab und alles, was wir begraben mußten.
Paulus spricht von Verwandlung. Im Tod wird unser sterblicher Leib verwandelt in einen geistlichen Leib. Das ist viel mehr, als die Griechen glaubten, wenn sie sagten, die Seele trenne sich vom

Körper. Nein, der ganze Mensch, die Person mit Leib und Seele gelangt als geistlicher Leib zur Auferstehung.

Dann ist aber auch klar, daß alles, worum wir uns im irdischen Leben bemühten, mitverwandelt wird. Keine Tat der Liebe war für die Katz! Die Gerechtigkeit, für die wir kämpften – die Menschlichkeit, für die wir uns einsetzten – die Liebe, die wir verschenkten, all dies wird hineingenommen in die Verwandlung.

Damit ist auch deutlich, wie sinnvoll der Brauch in Lateinamerika ist, auf dem Grab eines Verstorbenen die Eucharistie zu feiern, haben wir doch mit ihm das Brot des Lebens geteilt und teilen es jetzt miteinander, weil wir ihn vollendet wissen beim himmlischen Gastmahl.

Kommt aber nicht vorher noch das Jüngste Gericht? Dieses Bild steht für Gottes Gerechtigkeit. »Gericht« im biblischen Sinn verurteilt nicht, sondern richtet auf, verhilft zum Recht, zu jenem Recht, das zu irdischen Lebzeiten verwehrt war. Gottes Gericht ergänzt, was fehlt. Sein Gericht ist die ausgleichende Gerechtigkeit, die manchmal so sehr mit Füßen getreten wird.

Kurt Marti spricht in einer Leichenrede davon:

das könnte manchen herren so passen
wenn mit dem tode alles beglichen
die herrschaft der herren
die Knechtschaft der knechte
bestätigt wäre für immer

das könnte manchen herren so passen
wenn sie in ewigkeit
herren blieben im teuren privatgrab
und ihre knechte
knechte in billigen reihengräbern

aber es kommt eine auferstehung
die anders ganz anders wird als wir dachten
es kommt eine auferstehung die ist
der aufstand gottes gegen die herren
und gegen den herrn aller herren: den tod

(Kurt Marti)

Der Tod ist und bleibt eine Realität in unserem Leben, die wir nicht verdrängen können, ohne uns selber zu schaden, eine

Realität, die uns mal schmerzlicher, mal zuversichtlicher trifft. Wir werden auch künftig fassungslos am Grab eines Kindes stehen, und wir werden ein dankbares Empfinden haben, wenn ein alter Mensch von seinen Leiden erlöst wurde.

Aber über jedem Tod ahnen wir die österliche Morgenröte, und wir können uns von den Gräbern abwenden und den Auferstandenen im Leben suchen, erfahren und beglückend spüren.

GEBET

Dankbar feiern wir Ostern, den Sieg des Lebens über den Tod, den Jesus, unser Bruder, errungen hat. Du, Gott, bist ein Gott des Lebens. Dir können wir vertrauen – auch in der tiefsten Nacht, die unser Leben überfallen kann.

Wir denken vor dir an all unsere Lieben, die wir nun bei dir geborgen wissen. Wir danken für jede Begegnung mit ihnen, die unser Leben bereichert hat. Sie bleiben uns nahe, vor allem im eucharistischen Mahl. Du läßt uns einst mit ihnen teilnehmen am himmlischen Hochzeitsmahl. Darauf dürfen wir vertrauen.

Steh uns bei, so bitten wir dich, in der Stunde unseres Sterbens, damit deine liebende Nähe uns hinübergeleitet in deine Herrlichkeit. Amen.

GESTALTUNGSELEMENT

wenn ich gestorben bin
hat sie gewünscht
feiert nicht mich
und auch nicht den tod
feiert DEN
der ein gott von lebendigen ist

wenn ich gestorben bin
hat sie gewünscht
zieht euch nicht dunkel an
das wäre nicht christlich
kleidet euch hell
singt heitere Lobgesänge

wenn ich gestorben bin
hat sie gewünscht

preiset das leben
das hart ist und schön
preiset DEN
der ein gott von lebendigen ist

(Kurt Marti)

Wolfgang Gramer

Der Geist wird euch erinnern

Trauergottesdienst in den Tagen um Pfingsten

Dieser Gottesdienst ist besonders passend zu einem Zeitpunkt, an dem zu Tod und Begräbnis bereits ein gewisser Abstand besteht und der Blick nach vorne wieder möglich geworden ist.

SCHRIFTTEXT

Joh 14,25–28

ANSPRACHE

Wenn ein Mensch von dieser Erde gegangen ist, dann lebt er nur noch in unserer Erinnerung weiter. Und diese Erinnerung hat durchaus etwas Zwiespältiges. Sie nährt uns und hält die Verbindung mit dem Verstorbenen aufrecht, aber sie zehrt auch an uns und hält den Schmerz über den Verlust wach. Gerade in der ersten Zeit ist dieser belastende Aspekt der Erinnerung oft sehr mächtig. Der leere Stuhl, das Bett, die Kleider, die Blumen im Garten, alles kann zur schmerzlichen Erinnerung daran werden, daß sie/er nicht mehr da ist.

Solange wir noch ganz zurückgewandt sind, an dem festhalten, was einmal war, tut die Erinnerung nur weh. Unser Herz will es noch nicht wahrhaben und möchte das vergangene Glück zurückholen. Wenn wir am Grab stehen, in das der Sarg unwiederbringlich gelegt wird, dann spüren wir nur diesen Schmerz des Verlustes.

Es kann Wochen, Monate, oft länger dauern, bis die Erinnerung uns auch mit ihrem Schönen, Beglückenden erreicht und unser Blick nicht mehr nur in der Vergangenheit steckt, sondern sich gelegentlich zaghaft nach vorne zu wenden beginnt. Dietrich Bonhoeffer meint, daß dieser schöne Aspekt des Erinnerns mit unserer Fähigkeit zur Dankbarkeit zusammenhängt. Er schreibt: »Je schöner und voller die Erinnerung, desto schwerer die Trennung. Aber die Dankbarkeit verwandelt die Qual der Erinnerung in eine stille Freude. Man trägt das vergangene Schöne nicht mehr wie einen Stachel, sondern wie ein kostbares Geschenk in sich. Man muß sich hüten, in den Erinnerungen zu wühlen, sich ihnen auszuliefern, wie man auch ein kostbares Geschenk nicht immerfort betrachtet, sondern nur zu besonderen Stunden und es sonst nur wie einen verborgenen Schatz, dessen man sich gewiß ist, besitzt; dann geht eine dauernde Freude und Kraft von dem Vergangenen aus.«

Bei allem Schmerz über den Verlust ist es tröstlich zu wissen, daß sich der »Stachel« der Erinnerung eines Tages in ein »kostbares Geschenk« verwandeln kann, das schließlich, wenn wir achtsam sind, zu einem »verborgenen Schatz« wird.

Davon spricht auch das Johannesevangelium. Jesu sagt den Jüngern zu, daß sie eines Tages diesen Trost erfahren werden. Auch wenn er nicht mehr unter ihnen ist. Der Geist Gottes wird in ihnen all die Worte und Taten Jesu so in Erinnerung behalten, daß sie zur Quelle des Friedens werden. Eines Friedens, wie ihn die Welt und unsere menschliche Vorstellungskraft nicht kennen kann. Denn das von Trauer gekränkte Herz hält einen inneren Frieden ohne den geliebten Menschen gar nicht für möglich.

In diesen Tagen um Pfingsten beten wir ganz besonders um den Geist Gottes, der unsere traurige Enge zu weiten vermag und der Dankbarkeit in uns Raum verschaffen kann. Mit seiner lebendigen Kraft gelingt es uns immer mehr, den schmerzlichen Rückblick in die Vergangenheit mit einem dankbaren Ausblick in die Zukunft zu vertauschen. Und vielleicht erfahren wir dann, daß die dankbare Erinnerung an den geliebten Verstorbenen zu einer inneren Gegenwart wird, die beglückt und ruhig macht.

Auf dem Weg zu dieser inneren Begegnung wollen wir uns durch das Wort des Evangelisten stärken und trösten: »Euer Herz beunruhige sich nicht und verzage nicht.«

GEBET

Ich stelle in diesem Gebet jeder Strophe der Pfingstsequenz einen Ruf voraus.

Mein Leben ist dunkel	Komm herab, o Heil'ger Geist, der die finstre Nacht zerreißt, strahle Licht in diese Welt.
Mein Leben ist arm	Komm, der alle Armen liebt, komm, der gute Gaben gibt, komm der jedes Herz erhellt.

Mein Leben ist ohne Trost	Höchster Tröster in der Zeit, Gast, der Herz und Sinn erfreut, köstlich Labsal in der Not.
Mein Leben ist ohne Ruhe	In der Unrast schenkst du Ruh, hauchst in Hitze Kühlung zu, spendest Trost in Leid und Tod.
Meine Seele ist verschlossen	Komm, o du glückselig Licht, fülle Herz und Angesicht, dring bis auf der Seele Grund.
Meine Seele ist krank	Ohne dein lebendig Wehn kann im Menschen nichts bestehn, kann nichts heil sein noch gesund.
Meine Seele ist ausgetrocknet	Was befleckt ist, wasche rein, Dürrem gieße Leben ein, heile du, wo Krankheit quält.
Meine Seele ist erstarrt	Wärme du, was kalt und hart, löse, was in sich erstarrt, lenke, was den Weg verfehlt.
Mit allen Trauernden bitte ich dich	Gib dem Volk, das dir vertraut das auf deine Hilfe baut, deine Gaben zum Geleit.
	Laß es in der Zeit bestehn, deines Heils Vollendung sehn und der Freuden Ewigkeit. Amen.

(Pfingstsequenz)

GESTALTUNGSELEMENT

Beim Aufgang der Sonne
und bei ihrem Untergang
erinnern wir uns an sie

Beim Weben des Windes
und in der Kälte des Winters
erinnern wir uns an sie

Beim Öffnen der Knospen
und in der Wärme des Sommers
erinnern wir uns an sie

Beim Rauschen der Blätter
und in der Schönheit des Herbstes
erinnern wir uns an sie

Zu Beginn des Jahres
und wenn es zu Ende geht,
erinnern wir uns an sie

Wenn wir müde sind
und Kraft brauchen,
erinnern wir uns an sie

Wenn wir verloren sind
und krank in unserem Herzen,
erinnern wir uns an sie

Wenn wir Freuden erleben,
die wir so gern teilen würden,
erinnern wir uns an sie

So lange wir leben
werden sie auch leben,
denn sie sind nun ein Teil von uns,
wenn wir uns an sie erinnern.

(Aus: »Tore des Gebets«)

Für einen Gedenkgottesdienst in der Trauergruppe könnte mit
der Einladung die Bitte ergehen, daß alle etwas mitbringen, was
sie in ganz besonderer Weise an die Verstorbenen erinnert.

Angelika Daiker

VERWENDETE SCHRIFTTEXTE

Gen 2,4b–7   *136*
Gen 12,1–5   *88*

Ex 13,20–22   *193*

1 Kön 19,4–8   *57*

Ps 23   *106*
Ps 27,1–5.13–14   *63*
Ps 91   *132*
Ps 103,15–16   *130*
Ps 130   *74*

Spr 31,10.15–21.25–31   *126*

Koh 3,1–8   *57*

Jes 43,1–3a   *92*
Jes 49,16   *99*

Jer 17,7f   *138*

Dan 12,1–3   *163*

Hos 6,1–3   *53*

Jona   *26*

Mk 1,14–20   *113*
Mk 5,37–42a   *30*
Mk 10,13–16   *35*
Mk 13,33–37   *182*

Lk 2,1–18   *190*
Lk 2,22–32   *186*
Lk 3,1–6   *110*
Lk 21,27–28   *167*

Joh 3,16–17   *154*
Joh 5,1–9a   *95*
Joh 10,2–4.11.14–15   *78*
Joh 10,14–15.27–29   *53*
Joh 11,21–22   *84*
Joh 11,32–45   *120*
Joh 14,25–28   *209*
Joh 15,1–17   *117*
Joh 20,1–18   *200*
Joh 21,1–14   *145*

Röm 8,18   *80*
Röm 8,35.37–39   *150*
Röm 8,35–38   *49*
Röm 13,11   *102*

1 Kor 13   *40*
1 Kor 15,35–44   *205*
1 Kor 15,42–49   *197*

1 Thess 4,13–18   *142*

2 Tim 4,6–8   *71*

1 Joh 3,11.16–21   *45*
1 Joh 3,11–18   *158*

Offb 3,20–21   *178*
Offb 14,1   *171*
Offb 21,23;22,4–5   *68*

Textnachweis

(Bei einigen Texten konnten wir keine Quellen bzw. Rechtsinhaber ausfindig machen. Für Hinweise sind Herausgeberin und Verlag dankbar.)

S. 28/29: © by the author

S. 32/33: © by the author

S. 37–39: © by the author

S. 48: Ernst Jünger, Mantrana. Einladung zu einem Spiel. Privatdruck, Stuttgart 1958

S. 51/52: Sabine Naegeli, in Martin Schmeisser (Hrsg.), Gesegneter Weg. Segenstexte und Segensgesten. Verlag am Eschbach 1997, D-79427 Eschbach/Markgräflerland

S. 55/56: Karin E. Leiter, Tanzendes Kreuz, [3]1992, © Tyrolia Verlag, Innsbruck – Wien

S. 60/61: Jochen Klepper, Der du die Zeit in Händen hast, © Verlag Merseburger, Kassel

S. 83: © by the author

S. 87: Paul Hilsdale, Gebete aus den Paulusbriefen, rex verlag luzern 1972

S. 91: Bernhard Meuser, aus: Am Ende des Tages, Schwabenverlag Ostfildern, 2. Auflage 1996

S. 109: Lotte Denkhaus, © Strube Verlag München – Berlin

S. 115/116: M. A. Thomas, Fülle mein Herz, Erlanger Verlag für Mission und Ökumene, 9. Auflage 1978, S. 69

S. 140/141: Sabine Naegeli, Du hast mein Dunkel geteilt, © Verlag Herder, Freiburg 17. Auflage 1998

S. 144: Kurt Marti, Werkauswahl in fünf Bänden, aus: Namenszug mit Mond. Gedichte, © 1996 Verlag Nagel & Kimche AG, Zürich/Frauenfeld

S. 153: Michael Schibilsky, Trauerwege, © Patmos Verlag Düsseldorf

S. 154: Erich Fried, aus: Beunruhigungen, © Verlag Klaus Wagenbach, Berlin 1984

S . 185: Huub Oosterhuis, Du bist der Atem und die Glut, Verlag Herder, Freiburg 4. Auflage 1996

S. 189: Kurt Marti, Werkauswahl in fünf Bänden, aus: Namenszug mit Mond. Gedichte, © 1996 Verlag Nagel & Kimche AG, Zürich/Frauenfeld

S. 196: Bernhard Meuser, aus: Am Ende des Tages, Schwabenverlag Ostfildern, 2. Auflage 1996

S. 206: Kurt Marti, Werkauswahl in fünf Bänden, aus: Namenszug mit Mond. Gedichte, © 1996 Verlag Nagel & Kimche AG, Zürich/Frauenfeld

S. 207/208: Kurt Marti, Werkauswahl in fünf Bänden, aus: Namenszug mit Mond. Gedichte, © 1996 Verlag Nagel & Kimche AG, Zürich/Frauenfeld

S. 211/212: Aus: Tore des Gebets. © by the author

MITARBEITERINNEN UND MITARBEITER

Ulrike Altherr
Pastoralassistentin, Herrenberg

Anton Bauer
Pfarrer, Schwäbisch Gmünd

Hermann Josef Bayer
Diakon, Stuttgart

Christiane Bundschuh-
Schramm
Dr. theol., Referentin,
Rottenburg

Petrus Ceelen
Aids-Seelsorger, Stuttgart

Angelika Daiker,
Dr. theol., Referentin für
Trauer- und Sterbebegleitung,
Stuttgart

Heribert Feifel
Pfarrer, Stuttgart

Wolfgang Gramer
Dr. theol., Pfarrer, Hirrlingen

Winfried Häberle
Pfarrer, Esslingen

Joachim Harner
Krankenhausseelsorger,
Ludwigsburg

Elisabeth Hummel
Pastoralreferentin, Stuttgart

Wolfgang Knor
Pfarrer, Herrenberg

Wolfgang Kramer
Krankenhausseelsorger,
Esslingen

Dieter Müller
Pfarrer, Stuttgart

Hans Nagel
Pfarrer, Esslingen

Joachim Pfützner
Pfarrer, Rosenheim

Anton Seeberger
Pfarrer, Rottweil

Andreas Senn
Pastoralreferent, Böblingen

P. Helmut Schmitt SJ
Pfarrer, Rüsselsheim

Marlies Spiekermann
Dipl.-Päd., Bibliodrama,
Stuttgart

Clemens Stroppel
Regens, Rottenburg

Sr. Helga Weidemann SAC
Klinikseelsorgerin,
Frankfurt a. M.

Robert Widmann
Pfarrer, Reutlingen

Paul Weismantel
Pfarrer, Würzburg

Verfasserin der Einführung »Das Loch, in das ich fiel, wurde zur Quelle, aus der ich lebe. Wege durch die Trauer« ist Ruthmarijke Smeding, Dr. phil., Erziehungswissenschaftlerin, Amsterdam. Promotion zu »Trauer und Kreativität«.